Pedagogy in Children's Books

童书里的教育学

徐 莉
/
著

上海教育出版社
SHANGHAI EDUCATIONAL
PUBLISHING HOUSE

给曾经的孩子、如今的大人讲故事，

帮助大人与孩子建立相互信任、相互支持的关系。

只读孩子们的书，
只喜欢孩子们的念头；
抛开那些成年人的重负，
从深深的悲哀中出来。

——曼德尔施塔姆（王家新译）

目 录

自序

改变的勇气，是相互给予的

致孩子——

勇气：

是你第一次骑车不用安全轮；

是你有两块糖，却能留下一块到第二天；

是刚搬到新地方，你大方地说：“嗨，我的名字叫伟利。你们呢？”；

是你知道个大秘密，却答应对谁也不说；

是爱它，却不摘它；

是不开灯就上床睡觉；

是解释你的新裤子怎么弄破的。

致曾经的孩子、如今的大人——

勇气：

是和别人吵架后你先去讲和；

是改掉坏习惯；

是努力藏起你小气、嫉妒的一面；

是再来一次；

是从头开始；

是必要时说声再见。

我从美国作家伯纳德·韦伯的《勇气》这本童书中摘选了一部分内容，分成“致孩子”和“致曾经的孩子、如今的大人”两个板块，作为本书序言的开头。在我看来，教育最重要的是勇气。勇气就是自我觉知和自我改善，从无知觉变成有知觉，进而刻意作出改变。就像这本童书中所表达的那样，勇气是自我克制，是自我挑战，是坚守，是舍己，是付出，是利他，是接受难以接受的……。**当大人们明白，从不知道到知道、从做不到到做到有多么不容易时，大人对于孩子们的不知道和做不到才会生出更多的理解和接受。**

没有人不喜欢听故事，所以我除了喜欢给孩子讲故事，我也喜欢给大人讲故事。我希望听故事的大人，在故事中重新看见并理解自己和孩子，带领孩子一起，从无意识到有意识，开始自我认知、自我超越之旅。

我想改变：

- 大人没有耐心观察了解孩子的特质，总是抱怨他们“不听话”。
- 大人没有耐心倾听孩子的需求，坚持要“延迟满足”。
- 大人对孩子的负面情绪不理不睬，说是“冷处理”。
- 大人把夸赞孩子当作“赏识教育”。
- 大人以为打骂惩治孩子是必要的“挫折教育”。
- …………

我想与大人达成共识：**当大人与孩子的关系不好时，应由大人而不是孩子来承担全部责任。**因为在大人与孩子的关系中，大人具有定义权。我希望大人不要一味强调“这孩子不听大人的话”“这孩子不爱学习”，不要总是纠缠于“我该拿他怎么办”。

我想增进大人对孩子的理解：我希望大人接受孩子的各种特点，不要把所有不称大人心意的地方都归为孩子的缺点和过错；我希望大人能照见自己的自私和贪婪，并时时自省自律，分清楚什么是“我想”“我要”，什么是孩子的特点与需求。只有大人意识到与孩子合作是在帮助孩子，同时也是在帮助大人自己，大人才能重新理解自己与孩子的关系。

这是教育中最艰难的事情，也是大人必须努力做好的功课。

有一次，我参观一所家庭式幼儿园，在一楼的阅读专区做教育观察时，一个小姑娘递给我日本绘本作家高畠那生的《一根香蕉掉下来》，让我给她讲故事。颇有意味的是，这个故事正好暗合了我对教育的理解和期许。这是一个很多大人觉得莫名其妙，但很多孩子非常喜欢，并且听了很多遍仍会哈哈大笑的故事：

一辆小车，拉着满满三车斗的香蕉在路上行驶。走着走着，一根香蕉掉下来，被一只猴子看到，猴子吃了香蕉把皮一扔，继续向前走。一只兔子冲过来，踩到了香蕉皮，扑通一声，摔了个四脚朝天，爬起来继续向前跑。一只鳄鱼跟着爬过来，把香蕉皮捡起来扔到了背上驮着走。

香蕉一根接一根从车上掉下来。于是猴子沿途吃香蕉吃了一路，兔子一个跟头接一个跟头摔了一路，鳄鱼跟在兔子后面捡了一路香蕉皮。等司机发现事情不对，下车查看的时候，车斗里早就空空的啦！这时，装了一肚子香蕉肉的猴子撑得走不动，爬进车斗搭顺风车。摔了一路，已经鼻青脸肿的兔子爬进车斗里休息。鳄鱼把背上背的所有的香蕉皮都装到了车斗里，也爬进了车斗。

最后，香蕉皮回到了车斗里。因为猴子在车斗里，大概香蕉肉也在车斗里了。车上还多了三个搭顺风车的乘客。司机开着车继续往城里走。

我很喜欢这个故事，尤其喜欢这位司机大哥，因为他的处境就是教师的处境。他原本要载着三车斗的香蕉进城，一路走来，最后车上载的却是猴子、兔子、鳄鱼和香蕉皮。司机大哥、猴子、兔子、鳄鱼，因为运送的香蕉一根接一根掉下来而产生了意外的关联。司机的目标达成了吗？大概达成了吧。毕竟还是那辆车拖着三个车斗，还是去往城镇，只是原来三车斗的香蕉变成了满满一车斗的香蕉皮和猴子圆滚滚肚子里的香蕉肉。三个搭顺风车的乘客是预料之外的相遇，他们遇见掉落的香蕉，用另一种方式让这三车斗的香蕉回到了车上，还和司机大哥建立了关系。司机诧异过，却没有暴跳如雷，他竟然接受了这一系列的意外，继续开着小卡车拖着香蕉皮和三个乘客往城里去了。

教育是什么？作为带领者的大人当然有预期目标，但在朝着目标行进的过程中，实际的状况和结果往往会与预期的有出入。有的孩子因为你的带领收获满满，像肚子吃得鼓鼓的猴子；有的孩子从头到尾跌跌撞撞、一无所获，甚至饱受煎熬，像那只一路不停摔跤的兔子；有的孩子在这段旅程中出乎意料地领悟到预设之外的东西，像一路驮着香蕉皮的鳄鱼。这并不全是坏事情，大人要在各种意外中探索，通过对更多更复杂的要素的觉察，以及对它们之间关系的理解，完成对自己和孩子的理解。虽然很多要素看起来与既定目标毫不相关，但是考究起来却有不确定的因果联系。

大人可以和孩子一起发现问题，在解决问题的过程中，试着接受各种因素，不抗拒意外和变化，以各种方式参与其中。你不要因为车斗里是空的就去心疼司机，其实，即便车子空了，任务已然偏离，你也可以像司机大哥一样，接受现实并继续向前走。谁知道后面还有怎样的奇遇呢？

带领孩子的大人，必须对教育过程中的各种不确定因素保持开放的心态。这并不是随意和放纵，而是相信孩子身上蕴藏的潜能，愿意顺遂孩子的天性、天趣，让孩子自由自在地展现自己的特质。不要用大人的目标约束孩子的行为。大人要将孩子与孩子之间、孩子与大人之间建立良好的关系当作特别重要的事情，就像这位司机大哥一样，不论出现什么状况，都与乘客相互支持、彼此合作，继续向前走着。因为香蕉，司机大哥和猴子、兔子、鳄鱼相遇相连了。因为香蕉，我们也相遇相连了。

1 大人要为关系质量承担全部责任

——孩子特别顽皮，怎么办？

在我看来，哈利·阿拉德和詹姆斯·马歇尔的《尼尔森老师不见了！》既可以当作教师入职培训用书，也可以当作家庭教育指导用书。

当孩子特别顽皮时，大人应该如何对待孩子？是讨好，还是威吓？如果两样都不对，那大人应该怎么与孩子建立良好的相互支持、彼此合作的关系？

故事开始是好老师尼尔森对阵“坏”孩子们的情形，老师的声音甜甜的，但学生并不合作：

- 沾着唾沫的纸团粘到了天花板上。
- 纸飞机在空中飞来飞去。
- 他们是整个学校里表现最差的学生。
- 他们窃窃私语，咯咯怪笑。
- 他们扭来扭去，挤眉弄眼。
- 甚至在讲故事的时候，他们也胡闹一气。
- 他们从来不肯好好做功课。

接下来是坏老师斯旺普对阵好孩子们的情形，尼尔森老师穿上丑陋的黑色连衣裙，用粗粗的阴森森的嗓音说话，变身斯旺普老师：

- 对于学生提出的问题，她会打断道：“不关你们的事！”
- 她说一不二。
- 她让他们立刻投入学习。
- 她还给他们留很多家庭作业。
- 她对纪律提出很严格的要求：“今天我们要取消讲故事的时间！”“闭上你们的嘴巴！”“给我坐好！”“你们要是不守纪律的话，可不会好过的！”

孩子们开始努力学习，从来没有像这样努力学习过，但他们觉得斯旺普老师是邪恶的巫婆，他们想念尼尔森老师，跑去警察局报警想找回她，并猜测她为什么不见了。

当尼尔森老师重新回到孩子们身边时，她问已经能够安静听老师讲故事的孩子们：“是什么带来了这个可喜的变化？”孩子们说：“这是我们的小秘密。”

大人会感觉这个故事很熟悉。因为大人的经验就是这样，对孩子太友善、太通融，孩子会得寸进尺、得意忘形；但如果大人真的严肃、严格、严厉了，孩子又会讨厌大人、躲避大人，甚至会当面一套、背后一套。那大人对孩子究竟应该温和一点儿，还是严厉一点儿呢？

在养育过程中，**大人对孩子一味放纵或一味专制，都会导致关系的破裂**，不利于在互动中通过赢得孩子的合作来帮助孩子从他律走向自律。

作为教育者，我们一般把养育方式分成四种类型。

放任型：对孩子不严格或给孩子的反馈不一致。大人对孩子过于纵容，对孩子的行为控制极少，即便有时指出孩子的问题，也并没有着手帮助改进，且不认为自己对孩子的行为结果负有很大的责任。“他还是个孩子”“长大了自然就好了”就是典型的放任型心态。

专制型：对孩子冷漠专断。无视孩子的年龄特点，单方面制定严格的行为规则，甚至体罚孩子。很多大人认为，讲道理是没有用的，只有责打才有用。相信“棍棒底下出孝子”的大人，一旦发现孩子的问题行为，就会忍不住焦躁、气愤，甚至暴力压制。

忽视型：对孩子冷漠忽视。认为自己的任务仅仅是提供衣食和庇护场所，在极端的情况下甚至会虐待儿童。心理学领域有个非常著名的实验：给出生不久的小猴子两个铁架做的“妈妈”，一个“妈妈”仅提供奶水，一个“妈妈”用绒布包裹。观察发现，小猴在铁架“妈妈”那里吃完奶之后，会迅速跑到绒布“妈妈”怀里，直到肚子饿了才回到铁架“妈妈”那里吃奶，然后立即返回。

民主型：对孩子疼爱且行为前后一致。在孩子能力范围内，对孩子提出明确的行为规则限制，对孩子进行恰当的培养。也有人把民主型命名为权威型或者支持型。一些具有进步教育思想的大人不能接受“权威”一词，认为其中存在不平等，甚至是大人对孩子的控制和支配。是不是觉得有点匪夷所思？其实，民主理论和实践并不排斥和否定权威的积极作用，因此，不要把权威和平等、民主理解成相互对立的概念。如果大人实在是不能接受“权威型”这个命名，就用“民主型”或者“支持型”来指称这种关系好了。

留心观察就会发现，孩子来到新的环境，大多会先观察和试探，寻找并建立一套适合自己的行为准则。**孩子不是天生排斥规则或者喜欢挑战规则，恰恰相反，他们喜欢规则，他们需要大人帮助创造并维持有秩序、有安全感的环境。如果大人能够清楚地表达自己所坚持的事情，以及为何这些事情如此重要，大人就会在孩子心中建立可信度。**

研究表明，民主（权威）型养育方式有助于儿童社会性的发展，这一发现适用于孩子的整个儿童期，也适用于文化背景不同的孩子。这里的民主并不是指一切让孩子说了算，或者孩子想做什么就做什么。只有当大人的可信度已经建立，并且令孩子满意时，孩子才会因为自己是合作者而感到高兴。

下面列举几种大人不当的行为。

无法处理孩子的问题行为，甚至无意中鼓励了孩子的

不当行为。大人对孩子的行为不能加以合理的限制，不能为限制提供必要的解释，对孩子的行为管束要么过严，要么过宽。比如大人在公共场所大声呵斥孩子的不当行为，自己却做出了大声喧哗、情绪失控的不良示范。这还包括大人用谩骂、责打等方式纠正孩子的问题行为，向孩子做出只要“我”认为自己是对的，就可以粗暴地对待他人的不良示范。再比如教师一面要求孩子安静地举手，经过教师同意后才能发言，一面点站着举手大声叫嚷的孩子发言，教师不仅自己首先违反了规则，而且还鼓励了孩子通过违反规则获得教师更多的关注。

不能给孩子情感支持。大人对孩子很冷漠，对孩子的需要缺乏敏感性。比如大人只顾着自己刷手机，对孩子的要求不闻不问，或极为不耐烦，当孩子越来越吵闹时，便呵斥惩罚孩子，使自己陷入情绪失控状态。孩子从大人这里得不到渴望的关注和关心，向外容易表现为情绪失控，向内则容易表现为“我是多余的”“我并不重要”等自我价值感的破坏。

不善于和孩子沟通。大人不能很好地理解孩子，或者给予孩子混乱的信息。比如孩子已经很难受，大人还在那里训斥：“男孩子不许哭！”“哭什么哭！我没说你什么，你还委屈了？”比如一面告诉孩子要诚实守信，一面自己为了获得有利的处境而撒谎，违反规则。再比如在孩子需要更多身体运动来提高自己的感知能力与协调能力的情形下，要求孩子安静久坐，还频频指责孩子好动、不专注，等等。

大人意识不到自己的问题，而一味寻求“我该拿孩子怎么办”的答案，寄希望于通过技巧和强力一劳永逸地解决并不存在的问题，让孩子立即达成大人的愿望。如果大人缺乏理解的能力，就很容易破坏儿童的内在力量，造成儿童的退缩、隐藏和对抗。没有相互信任的依恋关系作为前提，大人当然无法赢得孩子的合作。

回到尼尔森老师的故事，经过斯旺普老师的到来和离去之后，相信尼尔森老师和孩子们都会有所改变。**尼尔森老师会勇于对孩子们提出要求，维护秩序，创造有序、有效的学习环境；孩子们会懂得好老师需要好学生成全，不能一味要求老师做好，而自己不承担维护纪律的责任，只有学生自律和合作，温和而体谅的好老师才可能持续存在。**

教师接手新班级，先建立规则——注意不是一味强压和训斥，让班级拥有良好的秩序，再就个别学生的问题进行沟通交流，及时灵活地处理突发状况，只有让学生理解并为自己的不良行为承担相关后果，才能更快地让班级良好运转，赢得孩子们的合作。同样，教师开课之前先组织维持良好的纪律，再准备本节课的教学用具，因为这样所需要的时间，比教师进教室后径直做教学准备工作，再来组织维持课堂纪律，或者一边上课一边维持纪律所需要的时间少。这些符合大人思维习惯的经验，又经过研究验证的方法反复提醒大人，如果对孩子不是一味放纵或一味强制，那么我们可以做什么和怎么做。

而对于追求民主、平等、自由的大人而言，他们必须明白，给予孩子平等和自由，并不代表孩子想做什么就可以做什么。**受本能支配的行为不是自由**，是人受限于本能的不自由。孩子有探索世界的欲望，但也需要安全感和秩序感。这要求大人能够创造有益于孩子学习的环境。对于认为孩子必须严格遵守规则的大人而言，必须让孩子了解大人维持规则的目的，规则是有益于在其中的每一个人的，**是为了让持续而有意义的学习发生**。缺乏必要解释说服的一味强压和苛求会伤害孩子，一旦外力消失，孩子并不能表现出良好的判断力和自制力。

此外，从儿童发展乃至人类发展的角度来看，混乱才是童年的主旋律，他们因此获得探索的空间，用更为灵活多样的方式学习与发展。对于规则和秩序的过度强调，并不符合儿童的年龄特点，还会妨碍儿童在不太可能发生的事情中寻找可能性，使他们不能更加灵活、智慧地适应变化中的世界。

大人必须意识到，随着年龄的增长，孩子将会越来越有力量，那些因不被理解和接受而累积的委屈、愤怒、怨恨、自责，会外显为日益严重的自伤和对抗。经过曾经的不得不服从之后，孩子既没有讲道理的愿望，也没有讲道理的能力，无法与大人合作共建规则、维护规则。这时，大人再来感叹“孩子越大越不听话”，再来试图和孩子共建规则，要求孩子自律，已然迟了。如果说养育指向分离，那么对孩子的行为加以限制和约束则是试图帮助孩子从他律走向自律。

在大人与孩子的关系中，虽然具有定义权的大人要为关系质量承担全部责任，但这并不是说大人不可以犯错，不可以不满、难过、沮丧、生气，就像《大嗓门妈妈》里的企鹅妈妈一样——她一大早的吼叫将孩子震得四分五裂。是的，大人也会有各种情绪，面对低龄的孩子，大人非常容易失控，而低龄的孩子也容易因大人的情绪失控而感到恐惧、退缩，导致身体和心理上出现各种状况：脑子一片空白，肠胃功能紊乱，表达困难，失去自主行动力，身体莫名抽动……。但也正是这个大嗓门妈妈，努力找回所有碎片，把它们缝在一起，温柔地对孩子说“对不起”，主动修复被破坏的关系，安抚受伤的孩子。请允许我再强调一遍，如果大人和孩子之间的关系出了问题，大人应该比孩子更有意识地主动修复关系，更有勇气道歉，更有勇气改变自己。

2 故事知道怎么办

——孩子不听大人的话，怎么办？

德国著名绘本作家尼古劳斯·海德尔巴赫创作的《女王吉瑟拉》，运用的是德国文学经典的框形结构：

一个爸爸带女儿去海边度假，每天晚上给女儿讲睡前故事，故事的主人公和小女孩有个很相像的名字叫吉瑟拉。故事中的吉瑟拉有一个愿望，不用爸爸妈妈陪着，一个人乘着豪华游轮环游世界，却因为经历风暴，漂流到一个小岛上。岛上的灰沼狸友善地给吉瑟拉提供水和食物，她却支使灰沼狸做这做那，态度还非常无礼，她要求灰沼狸称呼她女王，强迫它们为自己服务。为了在举行加冕典礼时穿上礼服，吉瑟拉残忍地要用灰沼狸的皮毛做衣服，剥夺它们的生命。在加冕典礼上，吉瑟拉没有等来用灰沼狸皮毛做的衣服。灰沼狸们将吉瑟拉放逐到海上，让她永远孤独地在海上漂流。

故事里的吉瑟拉自私、无礼、残忍，她提出的要求越来越过分，终于招致顺从的灰沼狸们的集体反抗。童书中最有意味的是框架外，听故事的小女孩家里除了有三个弟弟，还有一个小婴儿。一个十来岁的小女孩生活在这样的多子女家庭中，一定有很多困难：父母必然会把更多的精力放在小婴儿身上，弟弟们成天“制造麻烦”，并不贴心。所以离开家时，只有爸爸向家人挥手告别，而小女孩却一脸轻松地微笑，头也不回。她一定有很多不满和怨气，她一定意识不到正是因为自己长期的不满，因为自己对家人有太多不恰当的要求，所以家人才会安排这次只带她一个孩子的特别旅行，爸爸才会讲述这个特别的故事吧。七天的假期结束之后，她对爸爸说“故事真好听”“这是我最美好的假期”，当她和爸爸一起回家时，她主动挥手和妈妈、弟弟们打招呼。

这真是一次神奇的旅行。我们可以猜测，除了领略天高海阔，小女孩还在吉瑟拉身上看到了自己，她离开日常的艰难处境，度过了一段轻松愉快的时光，既感到被父母重视，又经由故事反省自己是否也是一味要求别人，是否自私、无礼、残忍而不自觉。旅行结束后，她开始主动热情地对家人表达善意。这是新的开始，也是好的开始。

大人常常认为，讲故事是为了帮助不识字的孩子阅读，等到孩子会识字了就应该让他们自己阅读。不论是讲故事，还是阅读，都是为了帮助孩子提高阅读能力和写作能力。这样仅仅为了提高认知能力和读写能力而进行的亲子阅读，实际上是对阅读一种极大的误解和贬低。大人讲故事给孩子听，坚持陪伴孩子阅读，给他们读书，或者大人和孩子之间互相朗读，更大的价值在于帮助大人和孩子交流沟通，帮助大人和孩子建立良好的关系，丰富彼此的自我认知，学会理解他人、理解世界。这是精神活动和文化活动，不只是为了识字、阅读和写作。

美国作家爱丽丝·奥兹玛在《为爱朗读》中记录了她和父亲 3218 天的共读之旅，9 年多坚持的最终指向，不是考上心仪的大学或者成为作家，而是“在未来分离的日子永远铭记共读时光里彼此的付出”，那是他们一起度过的最美好的时光，也是他们共同的美好记忆。

大人和孩子借着故事交谈，分享彼此的感受，相互陪伴，就会更加亲近。就像故事中的父亲一样，借着故事和小女孩平等对话、沟通交流：

- 运用故事帮助孩子辨识情绪——“它们会生气的！”“你要是老打岔，我也会生气的。”
- 运用故事替代说教　　“真狠毒！”“是的。灰沼狸们说不定也是这么想的。”
- 运用故事替代训斥——“她太无礼了！”“嘘！爸爸接着往下讲。”
- 运用故事表达期望——“所以最后这天晚上，我直到深夜还睡不着，一直看着大海。”

故事的多种功能在《女王吉瑟拉》这本童书里得到充分展现。故事同时具有促进儿童发展功能、矫正儿童行为功能和疗愈功能，讲故事不仅能帮助孩子提高阅读理解能力和写作能力，还能经由故事阐述人生道理。此外，讲故事还是一种对话、交流，乃至生活方式。在大人和孩子共同度过的美好时光里，故事能够帮助孩子进行自我认知、自我反思、自我建构和自我修复，帮助大人学会好好地与孩子相处，与孩子对话。

有心的大人在讲故事之前，首先会对儿童行为进行识别，然后试图找到或创作合适的故事，与孩子建立联系。随着对孩子了解的深入，还可以不断地改编同一个故事，以应对孩子的变化。故事里面有一个又一个和我们的孩子既相似又不一样的孩子，他们的处境和困难往往也是我们的孩子自己的处境和困难，他们面对问题的态度和应对问题的技巧，暗含着一个个健康而正面的解决方案。一定是暗示，不是读后感、道德知识考核，或者思想汇报。

大人可以罗列常见的儿童问题行为，然后着手慢慢建立一个大人和孩子共有的故事库。除了收集故事，还可以创作故事。我们对孩子的帮助不能总是提出直接的要求和意见，不能总是强调规则和后果，那些都外在于孩子的心灵。大人要试着不带说教和矫正的意图去讲故事，让孩子在一个又一个故事中，把大人对自己的期望转化成自己对自己的期望，自己去发现并主动与自我、家人、师长、朋友建立更高质量的关系。孩子能够自己寻找启示、建立连接、作出决定，这是长期听故事的必然结果。

儿童的很多行为问题都不需要通过表扬或批评，奖励或惩罚去解决。大人用故事唤醒孩子自身的力量，可以激发孩子更多的情感和思考，能够帮助孩子从亲子交流中汲取力量，让他们从被动的服从变成主动的判断、选择，从而成为更好的那个自己（见表 1）。

表 1　建立我们的故事库

儿童行为问题	可能帮助到孩子的故事	儿童行为问题	可能帮助到孩子的故事
害羞或者内向	《西红柿女孩》	无所事事或抱怨	《我绝对绝对不吃番茄》
不合作		不诚实和小偷小摸	
环境改变或过渡期		不尊重和不爱惜	
时间管理		贪婪与不愿意分享	
噩梦		急躁或者缺乏耐心	
疾病和死亡	《先左脚，再右脚》	懒惰	
迎接新宝宝		吵闹或者打扰别人	
分离焦虑		喜欢打斗、伤害别人	《胆小鬼威利》

一份故事库运用笔记

从故事开始

我的课多从故事开始，一些故事直接指向新主题的学习，其余则指向学生日常行为和学业中存在的问题，这些问题可以通过故事带出来。

学习植物的叶时，我给孩子们讲利奥·巴斯卡利亚的《一片叶子落下来》。几个孩子在故事开始时还说，这本书家里有，早已读过。我讲着讲着教室里越来越安静，只听见弗雷迪提出一个又一个疑问："为什么我们会变成不同的颜色呢？""我们全都会死吗？""我们死了到什么地方去呢？""既然我们要飘落下去死掉，我们干吗生长在这里呢？"讲到丹尼尔落下去了，终于弗雷迪这最后一片叶子也安静地、轻飘飘地往下掉，这时他第一次看到整棵大树。他睡着了，不知道春天将要到来，积雪将要化成水，不知道他这片无用的干枯叶子将与水混合起来，让这棵树长得更强壮。他睡在树下的土里，不可能知道，春天来时，新的叶子将要长出来。教室里有几声轻轻的叹息："我好感动啊。""我自己看过，但老师讲出来更感人。"了解植物的叶的结构和生长变化不难，难的是在了解叶的生长和衰老之余，对生命有心灵层面的感受，这一点儿故事可以做到，因为故事里的形象有强烈的感染力，能让抽象的道理变得易感。

运用故事帮助孩子辨识情绪

同事的孩子刚上一年级，早上进校后常在楼梯拐角处号啕大哭，过一会儿再走进教室，开始一天快活的学习和生活。有些孩子在面对新环境时会有许多难以表达的感受，如果教师讲罗伦斯·安荷特和凯瑟琳·安荷特夫妻的《小阿力的大学校》，可能会对孩子有些帮助。我的孩子有着另一些问题，她非常喜欢小学的学习生活，但是因为她个子矮小，家人的焦虑、周围人的好奇和惊讶给她许多压力。一次我给她讲了安琪雅·薛维克的《你很快就会长高》后，她便也会说些自嘲的话了：

我个子很矮，大家都叫我"矮冬瓜"。开始的时候我会不高兴，妈妈就送我这本书，故事告诉我，高矮是不可以由自己决定的，快乐却可以。就算我拼命地睡觉、喝牛奶、吃鸡蛋，还是那么矮。个子矮有几个坏处：个子矮力气就小，打开杯盖要同学帮忙，风筝挂在树上拿不下来……。不过个子矮也有好处，每次看电影、坐火车可以不用买票，省钱。

之后则是不顺利的换牙过程，在医生的吓唬下，我们一起一遍遍读着、讲着夏洛特·米德尔德的《一颗超级顽固的牙》，在尝试拔牙的可怕过程中，故事给女儿带来不少安慰：

看这本书的时候正换门牙，我天天盼着那颗松动的牙齿打个喷嚏就掉了，可妈妈说这不可能。那几天，我俩每天晚上都凑在一起拔牙，非常可怕，我眼泪都吓出来了，它就是不掉下来。一天早晨，啃着馒头的我打了个喷嚏，牙齿真的喷出来了！妈妈说，居然可以心想事成啊。

朋友间公认每次带孩子去看牙医时，日本作家五味太郎的《鳄鱼怕怕　牙医怕怕》的故事最能安抚孩子的情绪，孩子连接受恐怖的牙医诊疗都不再哭闹。

故事也一次次帮助我从高度紧张的工作情绪中逃离出来。很多时候，讲完一个故事，看到孩子仍沉浸在故事中若有所思、若有所悟时，我会由衷地对孩子笑笑，无须再多说什么。我的满腹愤怒——我当然会因为孩子们的“不受教”而难过——随着故事的流动而消散，我的期许随着故事的流动而抵达。故事既有自我平复、自我修复的功能，也有召唤理智、理解、体谅的功能，让我免于因情绪失控而堕入更深的沮丧。

运用故事替代说教

D 同学暑假之后像变了一个人似的，总是在抱怨：老师不公平——点这个点那个就不让他发言，夸奖这个夸奖那个就不夸奖他……；同学个个都和他作对——打他，骂他，欺负他……。但凡师生之间、生生之间生出一点儿龃龉，必定全是张三李四王五的过错。

我认为他的愤愤不平是由衷的，因为在学期初的心理需要测评中，他的分值异常。我仔细看过他的问卷，加之持续的关注和多次无意间的访谈，发现这个整天气呼呼、叽叽歪歪的小家伙，竟觉得全天下的人都存心和他过不去。为了避免过于频繁地与他发生冲突， 再强化他的暴躁，我打算通过教学和日常交往提供一些帮助，对他的一些认知与行为予以干预。但他并不给我太多机会。他从不完成我在课堂上布置的任务。我好言好语地找他借几只蜗牛辅助教学，答应一会儿就还给他，并许诺一定答谢，爱计较的他却小气地再三拿走蜗牛，连累我一边上课一边频频安抚他。不知道当我诚恳答谢愿意借我蜗牛的另外一个同学时，他在心里有没有臭骂我。我苦于没有机会肯定他，无法与他建立积极的关系。

那日分组活动巡视时，我的目光刚一转向他，就看见他正挥拳追打另一个同学，我大叫着冲过去制止，并把他硬拽到我身边来听故事：

天冷了，动物们都觉得特别冷。刺猬们也觉得冷，可是满身尖尖硬硬的刺，一挨近就彼此扎得肉痛。整个冬天他们都忙着一会儿靠近，一会儿远离，冷的时候想靠近，扎痛了又只好远离。刺猬羡慕猫儿们，整个冬天都依偎在一起，寒风里甜美地相拥。

我一边讲着改编自叔本华的故事，一边拉着他一会儿扮演刺猬——尖刺、彼此刺痛、疏离，一会儿扮演猫咪——轻轻挨着他、搂着他，罔顾他皱着眉头，啧啧地缩着脖颈闪躲，“这样多温暖哪！”我在呼啸的北风里诚恳地赞美着。

我与其他各科教师都和 D 的父亲有过长谈。目前，过多地批评指正 D 可能只会令事态更糟，大家要合力帮助他恢复原有的生活秩序和学习节奏，一起用心寻找并肯定他正向的努力和变化。我还准备了很多故事给这个近来特别爱抱怨、不爱惜、不尊重、不愿分享、缺乏耐心、吵闹、常打扰他人、伤害他人、喜欢打斗、欺负人、不合作、躁动的男孩，我想和他多说话，又不愿开口即是训斥和羞辱，我希望他同父母、老师和同学建立相互关心、相互支持的正向关系，希望他能从故事中发现并期待隐藏其中的美好。我尽力将简单直接的、带有指责意味的说教和训诫变成善意地讲故事——故事里的他很像你，或者就是你吧，他与你有着相似的境遇和感受，他付出真诚的努力，他常会有些神奇的经历，为了成为更好的自己。

我一再带领学生回顾《尼尔森老师不见了！》，讨论师生互动关系：所有的学生都期待遇到态度温和、爱笑的老师，为什么这么好的尼尔森老师会“不见了”呢？老师其实也很希望和学生好好相处，这会令工作更加轻松愉快，老师当然应该为此付出努力，但是作为学习者，学生做到自律、自觉了吗？学生单方面向老师提要求显然是不合理的。

运用故事替代训斥

课堂有时难免会出现对表扬和批评都无动于衷的孩子，无法逆转的涣散状态很快就会让课堂陷入混乱，教师用强力制止固然可以，但是不一会儿孩子们便故态复萌了，此时教师要么彻底停止教学整顿纪律，要么任由此种模式循环下去。而我常会选择讲一个故事，这个故事一定要有许多细节的描写，有细腻温暖的心情感受，比如金波的《两只棉手套》，汤素兰的《红鞋子》。

故事一旦开始，教室里便立即恢复秩序，且越来越安静，眼见着孩子们的眼神越来越明亮晶莹，他们会因为小松鼠在棉手套中安身而轻轻笑起来，会因为小老鼠说“孤单就是肚子饿”而轻轻笑起来。那笑声既有担心打断故事的克制，又有自然纯粹的童真的流露，整个教室里缓慢流淌的是故事传达出的温暖和煦。当故事讲完的时候，我总能听到几声满足的叹息，之后是半晌静默。然后我可以继续讲课了，或者安排做练习，只需延续讲故事时的呼吸节奏就可以了，那种舒服的感觉会让孩子们更专注地投入课堂活动。

运用故事表达期望

故事真的会创造奇迹。

我要求孩子们寻找并观察蜗牛，虽然我一再嘱咐要爱护小动物，只需要一两只蜗牛即可，但大部分孩子仍克制不住地抓了一只又一只，永不满足。于是，我稍稍改动了一下希腊神话中弥达斯的故事，细数弥达斯那些心爱的有生命的物与人都随着他对金子的无限追求而死去的细节：

弥达斯非常喜爱收集各种金子，但他总觉得自己的金子太少。有一次，弥达斯帮助了酒神狄俄尼索斯，为了答谢，狄俄尼索斯让他如愿以偿地得到了点金术，凡是他所接触到的东西都会立刻变成金子。弥达斯为自己拥有点金术而高兴了一会儿，但很快就发现，这实在是个巨大的灾难。他一碰食物，食物就变成了金子，无法下咽。他无意中碰到了花园里的玫瑰，玫瑰就成了金玫瑰，不再芳香。后来，他无意中碰到了自己的女儿，她就变成了一尊黄金雕塑，不能说话也不能动弹。他感到伤心极了，觉得即便拥有再多的金子，也换不回女儿的生命。金光灿灿的金子固然好，可他更爱那个会哭会笑、会说话的女儿，更喜欢芬芳的玫瑰、美味的食物。

不安的弥达斯想要摆脱这个麻烦的本领，因而祈求狄俄尼索斯收回赐予他的点金术。当魔力终于消失的时候，一切又回到原来的样子，弥达斯觉得身边活生生的一切实在太美好了。

许多孩子听完故事，留下一两只蜗牛，余下的全送回了当初捕捉之地。很神奇，我讲了那么多道理，却不如一个故事更加引人觉知、觉悟。澳大利亚资深幼儿教师、“故事医生”苏珊·佩罗说过，“故事的神秘和强大力量常常被人们所忽视。它们以潜移默化的方式，影响着你心灵和自我的方方面面，在改变你的同时成为你的一部分”，她称此为故事的疗愈功能，即 Healing——使达到平衡，变得健全或完整。我和班主任余老师交流心得时，她也笑道：“是的是的，我也发现孩子们喜欢听故事，不喜欢听说教，每次我想说明什么非得讲一个故事，否则就显得苍白无力。”多好的孩子呀！他们信服的是自己的认知和情感，他们是有心有灵的。

相信故事的魔力

我当然可以通过一次次较量战胜、压制儿童，无论从作为成人的绝对力量，还是从教育赋予我的绝对权力看，儿童均处于较弱的一方。可我的目标是培养有自我控制能力的学生，而不是对学生加以控制。进一步说，力量全用在对决上，其毒副作用有悖于教育追求善的初衷，所以我愿意反复尝试

“故事以正面和肯定的方式触及儿童的世界”，一次次用讲故事的方式向他们“暗示一个个健康而正面的解决方案”，用更加积极的方式肯定孩子们所付出的努力，以及发生在他们身上的变化。

这世上真的存在没有指责和羞辱的教育，讲故事便是其中的一种。故事点亮儿童，滋润他们的心灵。只要你相信，你可以不断见证故事的疗愈功能——帮助成长中的孩子达成新的平衡，让他们拥有一颗善良而温暖的心。

3 必须是大人说了算

——孩子总想得到更多，怎么办？

凯伦·考芙曼·欧洛夫和大卫·卡特罗合著的《我要大蜥蜴》，展示的是一次经典的大人与孩子沟通的示范。儿子要在家里养大蜥蜴——一只成年后会长到一米八的大怪兽，我们可以想象妈妈内心会多么地难以接受，但整个过程中，妈妈没有任何训斥和抱怨。我们来看看这对母子之间的沟通、协商（见表 2）。

表 2　儿子与妈妈的沟通

儿子	妈妈
如果不养，它会被洛奇（一只狗）吃掉	很高兴你这么富有同情心，但洛奇不会钻进笼子
它非常安静，而且很可爱	它比怪兽哥斯拉还要丑，不适合当宠物
你永远不会看到它，我养在自己的房间里	它会长到一米八
那需要 15 年，那时我已经结婚，或许已经住在自己的房子里	如果养只一米八的爬虫，有哪个女孩愿意嫁给你
结婚是以后的事，现在我需要新朋友，它是我一直盼望的兄弟	你已经有一个弟弟了
弟弟不好玩，我要教大蜥蜴耍把戏	记得上回把课堂上的鱼带回家所发生的事吗

（续表）

儿子	妈妈
我得到教训了，这次不会	如果让你试养，你会怎么照顾它
我会喂食、喂水，清理笼子	试养一周，如果笼子像你的房间那样，你就有麻烦了
我会非常、非常、非常尽力清理房间和笼子，我用自己的零用钱买食物	你确定你想这么做吗
我想养，拜托	看看你的柜子上

这是一个很会沟通的孩子，读完这本童书后，我们会找到原因——原来他有一个很会沟通的妈妈。

大人和孩子之间的对话常常是：

“今天在学校里开心吗？有什么好玩的事情发生吗？”

“没有。”

或者：

“你刚才为什么打她？”

“我没有。”

然后就没有后续的对话了。

更多的时候是这样：

“周末你想去哪里玩？”

“我想去动物园。”

“动物园有啥好玩的，又脏又臭，我们去博物馆。”

沟通就得有来有往，能够来回十多次相互理解和推动思考的对话，才是高质量的对话。在这样的沟通中，小男孩明白了不是每个人都觉得大蜥蜴可爱。为了得到妈妈的同意，他尝试用各种理由、各种方式说服妈妈，他写字条、当面恳求，唤起妈妈的同情心和爱心后，他作出承诺并当面致谢。这种说服练习是极其宝贵的，是情绪、情感、认知全面协调发展的难得机会。孩子在说理的过程中学会了理性思考和理性表达，这起初可能源于模仿和大人的有益引导，最终会内化成孩子自己的技能并在练习中不断提升。

妈妈全程没有埋怨，没有指责，她给孩子写便条，微笑地蹲下来和孩子说话。她甚至在孩子恳求之前，就已经善解人意地把大蜥蜴放到了小男孩的房间里——她没有勉强自己和其他的家庭成员接受这只大怪物。她早就打算让孩子在养鱼失败之后再试一次。她早就爱屋及乌地接受了这个比怪兽哥斯拉更丑的大怪物。当小男孩好不容易得到试养的机会，对着妈妈激动地大叫“谢谢你！谢谢你！”时，我们看到大人对孩子的理解和支持，这不仅激发了孩子沟通合作的意愿，还让孩子体验到被满足的喜悦，孩子因此感受到沟通是有用的，承担自己应当承担的责任是必须的，大人是愿意信任他的，大人因为爱他而爱他所爱。

这是孩子自愿承担责任之后的满足，是有条件的满足；孩子明确知道如果无法做到将由自己承担后果的满足，是被爱的满足。

3 岁左右的孩子一般都会经历令人抓狂的“十万个为什么”的阶段，他们对身边的事物充满好奇，什么都想知道，什么都想尝试。相比较而言，更加令人烦恼的是“什么都想要”的阶段，孩子喜欢索取并占有，除了对物质还有对情感的渴求。很多时候，大人并非给不了，而是担心总有给不了的时候，担心孩子不知道适可而止。在满足孩子的需要这件事上，应该同意，还是反对？它们之间并没有分明的界线。大人容易陷入恐慌和纠结。给，还是不给？答应，还是不答应？这次答应了，下次他得寸进尺，提出过分的要求怎么办？最终的结果就是大人失去对自我的辨析和控制，心情好就容易心软，要什么都行；心情不好就把恐惧和担忧释放出来，任孩子说什么、怎么说都不行。

其实，大人要做的不是简单地回应“好”或“不好”，“行”或“不行”，更不必带上不好的情绪，诸如不耐烦、生气、指责、训斥，等等。“你怎么这么不懂事！”“一天到晚要这要那，我让你做的你做好了吗？”这样只会让孩子失去正常表达和主动沟通的意愿。大人要做的就是心平气和地询问“你想拿它做什么”“你会怎么做”，在对话中让孩子知晓需要承担的责任和后果，甚至**很开心能看到孩子**

在被告知“不可以”之后，仍然平静清晰地用各种方式来争取。

大人完全可以在感到纠结的时候，坦然地告诉孩子大人的担心和不满，再听听孩子如何回应，在沟通中和孩子一起商定边界和明确规则。**即便拒绝，也不贬损孩子，让孩子有力量平静地接受被拒绝之后的失望。**

对于总想得到更多的孩子，我喜欢和他们一起读或者给他们讲述I.C. 斯普林曼和布赖恩·莱斯共同创作的《多了》：

故事开始，一只喜鹊“什么都没有”，邻居小老鼠送给它一颗玻璃弹珠，它很开心地衔着，带回窝里，从此，它“有了一个”。它开始搜集各种东西，“又有了一个——有了几个”，它希望“多点儿——多点儿——再多点儿——好多——好多好多——非常多——非常非常多”，于是它的窝里满满的，整棵大树上“到处都是”满满的。

孩子们可不就是这样吗？总是盼望得到更多，其实大人大多也是这样的呀：

邻居小老鼠一面帮它整理，一面大叫：“够啦——已经——够——多——啦——”天哪！太多的东西压塌了大树，整个把喜鹊掩埋了。小老鼠叫来很多小伙伴，一点点搬走那些东西。当东西越来越少，喜鹊脱困了。它用丝带一头拴起小老鼠送给它的玻璃弹珠，一头拴起自己最喜欢的螺栓，觉得“是的，够了”。

故事里的喜鹊懂得自省和改变是在毫无节制的占有之后，明白能够拥有的总是有限，放弃“多了”和“够了”。它最终只留下了小老鼠当初送给它的“第一个”弹珠，这已经不再是对物的占有，而是升华到对情谊的珍视了。

超越对物的过度占有欲，达到对情意的领悟珍惜，并从中获得满足感，这并非与生俱来的，它既是儿童发展过程中自己的领悟，也源于成人对儿童的期许和成人的示范、带领。不要试图消除这个过程，因为这个过程实际上就是儿童社会性发展的过程，他们在这个过程中学会理解自己和他人，了解有限的自由和人与人之间的边界。

日本著名的心理治疗师佐佐木正美先生甚至认为，对于年龄小的孩子，**早期教育的原则是尽可能地满足孩子的要求，对年幼孩子的愿望，无论怎样去满足都不过分。**当婴幼儿向大人提出各种要求时，如果大人能够按照他希望的那样满足他，他就会拥有信任别人的能力。而且，如果真正建立了对别人的信任，即使孩子想做某件事但因为能力不足而无法做到时，也依然相信别人会来帮自己达成愿望。这种愿望达成得越多，孩子对别人的信任感就会越强。美国心理学家埃里克森也指出，婴幼儿时期的要求得到满足的孩子，更容易培养出自律性，而没有得到充分满足的孩子比较难培养出控制自己的冲动以及在困境中做出决断的能力，因为他们缺乏自信。

如果大人无视孩子的需求，只焦躁地想要孩子听自己的话，希望通过拒绝让孩子学会克制自己的愿望，这样就会让孩子的自律性越来越差，最后什么都做不好。佐佐木正美先生一再提醒大人，“大人现在不听孩子的话，孩子以后就不会听大人的话”。

如果什么都按照孩子的愿望满足他，甚至达到过度满足的程度，会不会把孩子惯坏？大人对孩子的过度保护，会不会使得孩子很难管教？会不会使得孩子依赖性过强，无法自立？面对人们普遍担心的问题，佐佐木正美先生认为，事实上，大人在不忽视孩子的任何要求，满足孩子的愿望这件事上，不是做得太多，而是做得太少，孩子的要求只有被充分满足，才不会进一步升级。**只有被充分满足，孩子才容易学会信任大人，才愿意与大人合作，在自我意识发展的同时学会自制和自律。只有安心依赖大人的孩子，才会很顺利地走向自立。**

大人不应因为对未来的担忧而折磨孩子的现在，以不溺爱的名义压制、忽略孩子的需求。当然，这并不表示父母不能够按照自己的想法去影响孩子。父母可以拒绝孩子的要求，但绝对不能完全忽视孩子的要求，对孩子的需求毫无反应，无视孩子的期待和希望，这不利于在孩子心中形成足够的安全感，实现自信和对他人的信任。

大人如何说，孩子才会听？除了给孩子讲故事，还可以试着练习以下 5 个赢得孩子合作的沟通技巧：

- 描述你所看见的，或者描述问题——就像妈妈描述大蜥蜴的可怕一样。
- 说出你的感受——就像妈妈说“大蜥蜴比怪兽哥斯拉还要丑”一样。
- 给予孩子提示——就像妈妈问儿子“你会怎么照顾它”一样。
- 用简单的词语表达——就像妈妈问“你确定你想这么做吗”一样。
- 写便条——就像妈妈做的那样，书面表达比口头表达更加清晰，不会过多地带入不良情绪。

《我要大蜥蜴》这本童书真是教科书级的沟通指南。

4 与孩子共建规则

——孩子不遵守规则，怎么办？

米歇尔·努森和凯文·霍克斯合作的《图书馆狮子》里的故事非常具有思辨色彩，这本童书也是写给大人的自省之书：

有一天，一头狮子走进图书馆，穿过柜台，来到图书区。

故事因为这个奇怪的突发事件而展开：

大家都不知道该怎么办，因为图书馆没有任何和狮子有关的规定。图书馆工作人员马彬先生觉得不妥，将这件事报告给馆长麦小姐。麦小姐认为只要狮子没有违反图书馆的规定，那就可以不管他。

狮子喜欢听故事，当讲故事时间结束了，他对着说故事的阿姨大吼。麦小姐告诉狮子，如果不保持安静，就得离开，而一只安静、守规矩的狮子可以来听故事。

从此以后，狮子每天都来听故事，他遵守图书馆的规定，走路很小声，再也不吼叫，他和大家相处融洽，还主动为大家服务。但马彬先生坚持认为图书馆里不该有狮子。

有一天，麦小姐跌倒受伤了，她的呼救马彬先生没有听到，麦小姐只好让狮子去叫马彬先生来帮忙。狮子跑进大厅，因为马彬先生不理睬，只好盯着马彬先生大吼。马彬先生赶紧去报告麦小姐："狮子违反规定了！"他想驱逐狮子，却意外发现了受伤的麦小姐，帮她叫来了医生。

麦小姐得到救治，但狮子知道违反规定的后果，他低头走出图书馆，再也没有出现。大家都很想念狮子，马彬先生决定去找回他。他告诉狮子图书馆的新规定："只要有正当的理由，比如为了帮助受伤的朋友，在图书馆可以吼叫……"

当狮子再次来到图书馆，连自己受伤时都要坚持遵守规则的麦小姐，都忍不住违反规定激动地跑过去拥抱他。图书馆里的人们都围绕着狮子，有的人还忍不住欢呼，甚至翻起跟头来。"必要的时候，就算在图书馆里，也可以打破规矩。"是这个故事的结束语。

应该遵守规则吗？当然应该。无论是大人还是孩子，当我们进入公共生活时，就需要知晓并接受规则的约束，因为我们的行为与他人有关联。在图书馆这个特殊的地方，保持安静是为了让所有人能够不被打扰地阅读。规则约束每一个人，但规则也保障在图书馆里的每一个人都获得好的阅读体验，就像制订交通规则是为了保障每个人的公共交通安全一样，每一个被约束的人同时也是受益人，我们因为在意这份安全，愿意成为自我约束和维护规则的人。

大人需要帮助孩子知晓并理解公共生活中的规则。为什么提出这样而不是那样的要求？这些限制是为了让人难受吗？我们因为遵守并维护规则而变得更好了吗？大人首先需要身体力行地为孩子做示范。如果大人只盯着孩子是否遵守规则，却不约束自己的言行，就会让孩子觉得规则只约束权力关系中较弱的一方，这显然是不公平且非常糟糕的。它告诉孩子，只要你有了足够的力量，你就可以无视规则、践踏规则。

规则会有不能企及之处，比如之前图书馆就没有关于狮子的任何规定。麦小姐无疑是充满智慧的，**不需要一开始就着手添加规则，增加不必要的限制，在没有出现问题的时候，遵守最基本的图书馆规则即可**。这是故事的第一重启示。

对于年龄较小的孩子而言，往往是知道规则但不一定能够遵守规则，他们自我约束的力量和狮子一样，源于"我想……"，狮子很喜欢听故事，很喜欢来图书馆，所以他愿意约束自己。让人非常感动的是，狮子不仅做到了，而且在不得已违反规则后选择承担后果——主动离开。狮子做了一个极好的示范，他告诉我们，**遵守规则就是努力做到，不找借口，如果违反，就要承担后果**。这是故事的第二重启示。

但仅仅停留在意愿层面远远不够，理解是通向自我约束并提高自制力的重要一步。它不只是对规则的理解，还有对自我和他人行为的更复杂的理解。可以违反规则吗？如果可以，什么时候可以违反呢？在故事中是有“正当的理由”，但如何判断理由是否正当呢？对孩子而言，**他们已经有能力理解更为复杂的情境，参与判断什么是“正当的理由”，和大人共建规则。**比如在帮助受伤的朋友的时候，维护朋友的生命安全相比遵守图书馆规则来讲更重要。比如当狮子回到大家身边，大家对狮子的深厚情谊让众人情不自禁地奔跑、欢呼、跳跃，这是特殊的时刻，众人因为情谊违反规则的行为可以被理解和被接受。大人和孩子需要相互倾听，鼓励对方表达这个被认为是“正当的理由”。这是故事的第三重启示。

正因为规则不能应付所有问题，所以即使那些被认为是永远正确的约束条款，在某些特殊的时候，仍然需要被修正、被改变。孩子的这种理解和判断，比是否遵守规则，违反规则之后怎么办更为复杂，这也是孩子发展理解能力的大好机会。大人应该为孩子出现这样的冲突感到惊喜，而不是烦恼和生气。

倾听、鼓励孩子说出他们的感受，和他们一起分辨什么是“正当的理由”，比分辨什么是规则更重要，这是比记住规则更加宝贵的学习经历。当马彬先生说“我们有一条新规定”时，他参与到规则的修正中来，把自己对这件事的新理解和新判断带入规则之中，他是一个有很强的规则意识，同时善于自省，愿意不断修正自己的人。连自己受伤都要强调遵守规则“不要跑”的麦小姐，在得知狮子回来时，情不自禁地奔跑起来，经过狮子的出走和回归，她对规则的理解会更为丰富，在教条之外多出无数对自己、对他人的体谅。图书馆里的人们从最初的不知道怎么办到和狮子融洽地相处，他们所持的开放态度，所表现的温和友善，都是大人和孩子们的好榜样。大人需要自省，我们有没有以喜悦的心情看待孩子对规则的质疑？我们是否认真倾听了孩子的理由？我们是否耐心地和孩子一起讨论什么是更重要、更恰当的？我们是否愿意通过和孩子互动，调整和改变自己的认知和态度，进而改变规则？

《图书馆狮子》中的每一个人，每一处细节，都在暗示一个个健康而正面的解决方案，都在告诉大人和孩子，除非有必要，不要限制他人的行动。遵守规则的同时，应理解、接纳和友善对待每一个具体的人和事。每当读到马彬先生对狮子说只要有“正当的理由”时，我就会哽咽；每当读到狮子冒雨坐在图书馆外，既难过又充满向往地透过玻璃窗往图书馆内张望时，我都会流泪。

这些人和这些细节给予大人和孩子力量，让我们愿意做遵守规则的人；让我们愿意对自己和他人违反规则的原因保持理解和接受的姿态；让我们愿意为了容纳那些“正当的理由”，和各方一起订立规则，共同维护规则，不断增进对规则的理解，进而不断修订规则以利于每一个人。

很多人强烈地感觉到严厉的惩罚是很管用的管教方式，我同意，特别是从立即制止违规行为这一点儿来说，惩罚确实管用。但是，其长期效果呢？我们常常被一时的效果迷惑。有时候，我们必须当心，当长期效果会带来负面影响时，到底是什么在起作用。惩罚的长期效果是，孩子往往采用以下四个“R”中的一种或全部来“回敬”我们：

- 愤恨（Resentment）——“这不公平！我不能相信大人！”
- 报复（Revenge）——“这回他们赢了，但我会扳回来的！”
- 反叛（Rebellion）——“我偏要对着干，以证明我不是必须按他们的要求去做。”
- 退缩（Retreat）：①偷偷摸摸——“我下次绝不让他抓到。”②自卑——“我是个坏孩子。”

一个不愿意向大人解释或说出自己理由的孩子，一个事事反抗或一听到别人谈他就认为是指责并为此暴跳如雷的孩子，一个总是为自己的言行感到不安或过度歉疚的孩子，往往是因为大人在最初的时候站在他的对立面，长期用不必要、不合理的限制和对抗训练出来的。如果这些不是大人想要的，那么大人需要用主动合作来赢得孩子的合作，而不是无知无觉、经年累月地破坏孩子内在的力量和自我认知。

分享两个行为准则。一是对所有学习问题，全都默认为孩子既不知道也做不到。孩子做错了或者做不出来时，大人不要对着孩子吼叫指责，大人只需要无条件地积极帮助即可，告诉他什么是正确的，如何才能做到正确。那些指责只会让孩子觉得学习是一件痛苦的事情，或者认为自己非常蠢笨并不适合学习。二是对所有行为问题，全都默认为孩子知道却做不到。我们需要向孩子认真解释为什么要限制和禁止某种行为，倾听孩子的解释，共同寻找原因，针对原因改变相应的外部条件，帮助孩子不再置身于相似的处境中，避免因为同样的原因导致孩子多次重复某种错误行为。先寻找外部的原因，并为孩子的每一点儿努力改善感到欣喜，肯定孩子的主动调适。如果孩子有“正当的理由”，大人就和孩子共同修订规则。

5

大人后退，后退

——孩子经常与家人、老师、同学发生冲突，怎么办？

讲一个海伦·库柏创作的《南瓜汤》的故事：

一只猫、一只松鼠和一只鸭子住在一起。他们能做出全世界最好喝的南瓜汤，猫把南瓜切成一片一片，松鼠把水搅哇搅，鸭子倒进刚刚好的盐。有时猫吹响风笛，松鼠弹着斑鸠琴，鸭子唱起歌，他们一起喝汤，一起弹琴唱歌，一起钻进被子里睡觉，他们都很快乐。

有一天，鸭子拿起松鼠专用的汤勺，要求搅汤。松鼠尖叫："搅汤是我的事，还给我！"猫凶巴巴地说："你太小了，我们要按照原来的方式煮汤！"鸭子和松鼠抢夺汤勺，汤勺飞起来打中猫的头，屋里充满了激烈的争吵、吼叫和混乱。最后，鸭子哭哭啼啼地收拾东西离开了。

起初，猫和松鼠相信鸭子会自己回来，会道歉，可是他们等了很久，鸭子也没有回来。他们做不出好喝的南瓜汤，也食不下咽，他们担心鸭子，开始反省自己，"我们应该让他搅汤的""他只不过是想帮忙"。他们流着泪决定去找回鸭子，可是怎么也找不到，当他们拖着沉重的步子回到家，发现鸭子已经回来了。

他们三个都很高兴，然后一起煮南瓜汤。这次是鸭子来搅汤，即使鸭子把汤搅得太快，把汤溅到锅子外面，即使锅子烧起来了，猫和松鼠还是一句话也没说，最后鸭子告诉松鼠要放多少盐，他们三个仍然做出了世界上最好喝的汤。三个小伙伴又恢复了平静和谐。直到鸭子拿起风笛说："我现在想要吹风笛！"他们三个又撕打成了一团。

故事的结尾像一个永远也讲不完的故事的开始。猫、松鼠和鸭子开始新的争执，一切看起来像又回到了起点。

如果把猫、松鼠和鸭子看作是一家人，那么猫和松鼠是拥有决定权的大人，鸭子则是孩子。当他们之间发生激烈的冲突之后，鸭子离家出走了。

说到离家出走，很多大人都会心头一紧，下意识地认为孩子一定出了什么大问题。其实，我们看到的离家出走只是一个结果，而产生这个结果的原因，还需要我们进一步去分析。

日本心理学家河合隼雄认为，孩子的离家出走与一种非常微妙的心理有关。具体来说，就是有的孩子在成长中的某个时期，会觉得自己"讨人嫌"。孩子为什么会有这种感觉呢？是孩子真有问题，还是父母对他不好？都不是。这种心理与父母对孩子的态度并没有直接关系，即使孩子能够得到父母的疼爱，这种心理还是不可避免，它是孩子成长过程中一种必然的心理。

离家出走反映了鸭子自我意识的觉醒，说明他有了自立的意志和作为个体的主张。当猫、松鼠和鸭子相互拥抱、重归于好时，猫和松鼠满足了鸭子的诉求。但离家出走的风波并没有彻底结束，因为鸭子内在的力量会继续增长，他还会有其他的主张，比如他要吹奏风笛。猫、松鼠和鸭子之间的冲突也会一而再，再而三地发生。

不过不用担心，这些冲突并不会毁掉他们之间的情谊，正相反，因为他们一直以来生活得平静和谐，他们一直以来都很快乐，所以他们分离之后才会有那么多的担心和不舍，他们必然会在爱的拥抱中一次次和解，松鼠和猫会让渡给鸭子更多探索的机会，他们都会在冲突中学会解决冲突。当孩子深刻体验到冲突背后的爱意时，他心灵的空间就会得到拓展，迈向下一次成长。从这个意义上说，**冲突会不断加深大人与孩子之间的感情，而不完全是消耗和破坏。**

河合隼雄强调，同样是离家出走，背后的心理动机也可能大不相同，还需要具体分辨。相当一部分孩子是“为了寻找家庭而离家”，也就是说，孩子的离家可能是对自己的家已经不再是一个家所提出的警告，这一点儿也比较容易理解。我们知道，每个人都需要归属感，如果家庭成员间的关系比较淡漠或者矛盾冲突激烈，孩子在家里无法感到温暖、形成认同，当他们长大到一定的年龄时，就会去寻找新的精神归宿。这样的离家出走就是为了弥补原有家庭亲密关系的不足。

作为大人，如果我们理解了孩子的深层心理机制，就不会对所谓的孩子的问题行为做出简单粗暴的评判，而会从容不迫地面对、解决孩子离家出走的难题。面对因为家庭内部矛盾而离家出走的孩子，只有为他提供一个他真正需要的家，才能满足他的心理需求。打骂和惩罚都是治标不治本，甚至会适得其反。有的大人因担心孩子出走而一味放纵，这样的退让并不会让孩子获得归属感，不能真正解决问题。

如果从积极的角度看待孩子离家出走，那么它会成为推动整个家庭进行变革的动力，大人可以借机正视和反省自己，改变自己的生活方式。只要家人努力做出改变，就会建立相互支持、更加和睦的家庭关系。

如果猫、松鼠和鸭子是三个小伙伴呢？情况既类似又不同。故事里的三个小伙伴存在很大差异，他们处于不同的发展水平，也有各自擅长的和喜欢的事情，之前平静和睦、相互支持地生活在一起，却因为鸭子想尝试担负新的工作，改变了原来的合作关系。松鼠和猫起初并不信任鸭子，“你太小了”，也不想改变现状，毕竟他们已经做出了全世界最好喝的汤，所以“我们要按照原来的方式煮汤”。后来三个小伙伴爆发了争执和分离，这其实是最好的反省契机，当他们意识到丧失友情与爱，意识到应该作出改变以维持关系时，他们才愿意尝试新的分工，接受混乱，作出妥协，最后仍然熬出了全世界最好喝的汤。

但他们多了些不一样的感受和经历。体验了在原来平静生活里无法感受到的情绪：难过、生气、着急、担心、悲伤、沉重、高兴、忍耐……。他们一定感受到合作的不容易。他们除了要齐心协力把事情做好，还要接受事情会因为人的改变而不断变化。于松鼠和猫来说是学会了接受变化，作出妥协，于鸭子来讲是勇敢地表达自己的意愿，坚持自己的立场，不因被拒绝而放弃。包含这些，才是合作的全部。

三个小伙伴在面对和解决剧烈冲突的过程中，理解并接受了差异，主动调整了自己，加深了彼此之间的感情。冲突之后的和解和亲密对于孩子而言，不是大人认为的健忘不记仇，不是性格懦弱、甘愿被人欺负，与大人相比，孩子更愿意通过整体的结果感知世界，不费心地分辨计较点点滴滴，大端很好小处不计。三个小伙伴之间有那么深厚的情谊，即便有各种冲突也不能改变心底的那份喜欢和依恋，自然地表露出不竭的热情和顽强的自愈能力，这是天性之好，也是最宝贵的与生俱来的爱的能力。

所以看到孩子们之间发生冲突，多数时候我并不紧张焦虑，因为我知道那些表现是某个年龄段的典型特点，并相信很多时候这些冲突不需要我的干预，只要给孩子们一点儿时间，他们自己就能解决。我也劝服大人们不要过度紧张焦虑，除了危险情况应该立即阻止，余下的冲突都可以留给孩子们自己解决，这样可以帮助他们培养自尊，进行自律练习、理解力练习和沟通练习。

容易不淡定的往往是大人。面对孩子之间的冲突，大人们怕示弱吃亏，他们急于判断对错是非，为了迅速解决冲突，恃强凌弱，各打五十大板，强求双方尽快握手言和。在大人眼里，只有力量悬殊，只有欺负和被欺负，只有忍受和打回去，不接受孩子在语言发展不够充分时，通常以粗鲁的方式来彼此沟通，来了解自己与他人的不同。大人没有耐心等待孩子自行解决交往中的问题，殊不知，这样会剥夺孩子社会性发展的机会、理解他人和自己的机会、多元表达和协商妥协的机会。

其实，在被欺负后要“打回去”和小伙伴之间要友爱谦让之间，孩子们有多种解决问题的方法。在一次就同学冲突展开的议事中，孩子们七嘴八舌列举了 12 种解决本次冲突的办法，真是让我惊喜不已。更让我印象深刻的是，部分同学复制模仿了教师常用的解决冲突的办法，比如双方抄写“我再也不打架了”100 遍，双方都罚站半天之类，这令我汗颜又惊心。我所强调的要友善地对待孩子之间的冲突，就是大人不应用简单粗暴的方法解决冲突，向孩子提供错误的示范。大人避免焦虑的最好办法不是消灭冲突，因为冲突会一直存在，而是和孩子通过解决这次冲突来学习如何避免下次冲突，练习如何解决冲突。

反思大人的站位，大人特别需要克制自己，不要替代孩子思考、判断和抉择。请大人时刻提醒自己——后退，后退！让孩子在冲突中增进对彼此的理解，不断重建彼此的关系，让孩子的社会性发展得以顺利完成。

提供一个儿童问题行为的原因排查及应对小工具（见图 1）。

图 1　儿童问题行为的原因及相关的解决办法

下面我们一起用这个小工具来做一个练习：

问题：孩子做作业总是拖拖拉拉，怎么办？

运用：所处年龄的典型行为。了解其他孩子的作业完成情况，如果大多数孩子都需要较长时间完成作业，说明这是孩子所处年龄的典型行为，并不是主观上的故意拖延。此时需要大人更加耐心地陪伴，不催促，不埋怨，帮助孩子在完成作业时保持轻松愉快的心情。如果是作文写不出来，在孩子思路不畅时，大人可以提供写作内容或者结构上的建议。如果写字速度慢，大人可以预见书写速度会因为熟练而提高，未来只会越来越轻松。如果大多数孩子都能迅速完成作业，只有自家孩子需要特别长的时间才能完成作业呢？请看下一项——

不恰当的成人期待。观察孩子完成作业的过程，并记录孩子完成各项作业需要的时间，如果孩子每次完成类似作业的时间差不多，且没有出现故意拖延的情况，说明写作业速度不快是孩子的特点，而不是孩子的问题行为。此时大人需要改变态度，因为孩子表现出的慢不是催促、埋怨甚至吼叫、训斥就能解决的，大人需要等待孩子的成长。随着孩子年龄的增长，他的能力会越来越强，熟练程度也会逐步提高，有些孩子写作业的速度会快起来，但更多时候，因为学习内容的增多且难度加大，自家孩子和其他孩子比仍然算是完成速度慢的，这也是很正常的事情。大人只有改变不恰当的期待，才能帮到孩子。如果孩子写作业的时候不专注呢？请看下一项——

缺乏技能。有些孩子写作业时一会儿喝水吃东西，一会儿上厕所，一会儿翻找东西……，完成多项任务时东一下西一下，没有条理，让大人很是生气。此时需要教给孩子一些基本技能。比如程序性知识，写作业之前把吃东西、上厕所等问题先解决好，再把需要的学具整理好放在手边，确定先做什么再做什么，并按照自己的计划依次完成。比如提高时间管理的能力，预测完成每项作业大约需要多长时间，然后计时，完成之后看看自己的预测是否准确，如果这项能力提高比较缓慢，那就需要长时间练习。如果作业突然很多，孩子畏难不想做，就要帮助孩子认识到自己的情绪，鼓励孩子不气馁、不紧张，作业不会越写越多，一项项去做总会完成的……。如果并非孩子能力不足，而是刻意拖延呢？请看下一项——

对规则缺乏理解。当孩子刻意拖延，当日无法按照要求完成作业时，大人要提醒孩子，作业没有完成，明天就需要占用玩耍、休息的时间去补齐作业，还可能引起老师和同学们的反感，然后，让孩子经历并承受与之相关的后果——补作业或者被老师批评。这里，大人要分清批评和指责的界线，教育和羞辱的界线，让孩子在承担行为后果的过程中理解规则，主动选择更好的行为。

绝大多数孩子的作业问题走完前面三步即可，如果落到第四步，大人就需要更大力度地自我检讨了：我是否为孩子提供了有利的学习环境，是否不断打断孩子的学习，是否让孩子处于嘈杂之中；我是否在之前的帮助中行为不当，无意中强化了错误的行为，比如经常情绪暴躁，指责、训斥孩子等，让孩子觉得写作业十分痛苦，因为不能愉快地投入学习而故意拖延；我是否提供了恰当的支持，让孩子意识到自己对完成作业负有责任。至于存在感官、身体和健康损伤，存在言语和语言障碍、注意缺陷多动障碍、情绪和行为障碍、自闭症谱系障碍等问题的孩子，对他们的认知及行为特点的了解属于专业范畴，大人需要寻求专业人士的支持和帮助。

事实上，大部分孩子之间的冲突，都是所处年龄的典型行为，这些行为会随着孩子年龄的增长而消失或者发展出更复杂的技能，却经常被大人一概当作问题行为予以矫正。比如婴儿期吸吮手指头，比如语言发展期因为思维和语言发展不平衡导致的口吃，这些都会随着孩子年龄增长而自然消失，但不恰当的应对却会使本不是问题的问题成为问题，训斥和惩罚会让儿童紧张，反而不断加剧儿童的问题行为。其实孩子们在相处过程中的大部分冲突，只要不出现危险情况，大人都应着眼于长期目标，让孩子自己解决，以增进孩子彼此之间的沟通，帮助孩子提高情绪调节能力和社会性调节能力。大人必须放下那些“你要和小伙伴好好相处，不可以再发生冲突”之类不恰当的期待和说教，应该鼓励孩子在解决冲突中发展自尊与自律。

6 问题行为背后，那些积极的力量

——孩子什么也不愿意跟大人说，还撒谎、偷窃，怎么办？

德国作家米亚姆·普莱斯勒的《幸福来临时》讲了这样一个故事：

重病痊愈后的哈玲卡离开疗养院，从原来的孤儿院转到了新的孤儿院。这是她的命运，不断从一个幽暗之地辗转到新的幽暗之地，她又成了一个人。这里生活着经历过各种不幸的孩子，在这里她不仅没有朋友，还得面对和承受欺凌。不久之前，娄姨妈的第二次监护人申请被法院驳回。第一次是因为娄姨妈没有稳定的工作，这一次是因为娄姨妈每天工作的时间太长，法官认为她无法好好照顾哈玲卡。娄姨妈是这个世界上仅有的能够带给她温情，从不放弃她的血亲，娄姨妈说会继续争取对她的监护权，接她一起住，但这个愿望实现起来遥遥无期。哈玲卡有且只有娄姨妈可以想念了。

父亲一栏空缺，母亲从来没有好好待过她。哈玲卡的心灵有创伤，她不会自动变成更好的人，她也可能变得可怕和残酷，在教育学中我们称呼哈玲卡为“被置于高危的学生”。

但哈玲卡自身有种超越的力量——她极端明敏，她从未放弃自省，她渴望朋友珍惜友情，她懂得并有限地接受那些一厢情愿的好意，她也认为偷窃是不对的，最重要的是她想挣脱，她觉得经历过心灵打击的人，就不该再伤害别人，她坚持做到这一点儿。

来到新的环境中，哈玲卡不喜欢老师的拥抱触摸，她掩藏自己，冷眼旁观同伴之间的欺凌，她认为偷窃根本没有那么严重——如果饥饿难耐时，为了生存人可以行不可为之事，那么渴望和饥饿也差不多，渴望是心灵的饥饿。为了能够去看望因为工作忙碌，很久不能来探视自己的娄姨妈，哈玲卡偷走了募捐箱里的10元钱。

哈玲卡的幸运在于周围那些有意和无意中对她的帮助支持，还有她自己的天分。

娄姨妈从未放弃对哈玲卡的监护权。虽然结果充满无望，但于哈玲卡而言娄姨妈是她最可倚赖的，以至与娄姨妈相关的一切，都成为美好、善意、智慧的导引，这让哈玲卡即便在最痛苦的时候仍然感到踏实。娄姨妈无条件的爱令哈玲卡产生了归属感，无论走到哪里，经历了什么，无论她们最终能否在一起生活，这份在意和牵念，都给予哈玲卡无尽的力量和温暖，在她受伤之时不断地疗愈她。

严厉刻板的乌尔班小姐，起初并不主动亲近新来的哈玲卡，这让哈玲卡觉得舒服。直到哈玲卡融入了新的集体，直到哈玲卡接受了乌尔班小姐，乌尔班小姐才拥抱抚摸哈玲卡。在发现募捐箱被打开过之后，乌尔班小姐什么都没有做，于是，哈玲卡得到了参加募捐活动的奖品——去什切青城堡远足的机会。

哈玲卡在这里遇见了美，她在雕像前泪流满面，认为这是她一生中最重要的时刻。一个从未经历过的美好世界，用这样的方式向她展开并启发她。

直到此时，乌尔班小姐才问她："你为什么把募捐箱打开？你从里面拿钱了吗？"哈玲卡没有承认。乌尔班小姐竟然没有穷追猛打，她保证："我们今后不再谈论此事。"

故事里哈玲卡的朋友一直是不大有用的人，她们和哈玲卡一样害怕，或许这才是她们彼此能够亲近的原因。她们分享彼此的秘密和伤痛，她们相互给予，哈玲卡甚至在雷娜特被欺负的时候主动站出来，挑战比她更强大的伊丽莎白。并不只是最好的那些人带领我们向善向好，对于哈玲卡而言，说出秘密和伤痛，接受对方的给予或反抗都是对自我的超越。正因为哈玲卡看重友情，所以她得到了回报，发现了一个更好的、更有力量的自己。而作为大人的我们，真的不必勉强孩子必须和最优秀的那些人交往，试图为他们打造一个完美的世界。伙伴的力量不是来自对方的完美，而是在交往中试图超越原来的那个我。如果能敞开心扉、相互亲近，那么从身体到心灵，两个孩子都会变得越来越健康。

说到秘密，很多大人认为，由于缺乏判断和解决问题的能力，孩子在成人面前不该有秘密。很多大人非常害怕孩子试图向他们隐瞒什么，这会令他们十分不安。我们经常会听到有的父母、老师这样对孩子说："这件事你怎么不早点儿告诉我？"在大人心目中，大人对孩子的事情就该了如指掌。虽然很多父母在理智上接受了孩子已经长大，应该拥有自己的独立空间的现实，但在情感上仍然拒绝与孩子"分离"。

河合隼雄告诫大人，揭示孩子的秘密，甚至进行某种"指导"，不太可能真正帮助到孩子，赢得与孩子的合作。父母和教师只有从内心真正理解孩子所处的境地，同情孩子心中的无可奈何和纠葛，充分准备好和孩子一起承担痛苦和悲伤，才能揭开孩子的秘密。如果以"为了你好"的名义去拆穿和指点孩子的秘密，反而会让情况恶化。

"孩子开始保有自己的秘密"是他们成长中的一个里程碑。对孩子来说，保守秘密并不容易，需要耗费大量的精力。心里有秘密就会与周围的人从内心拉开距离，这会让孩子有心理上的压力。但是，能够背负和保守秘密也是一个孩子内在力量不断增长、内心宇宙不断扩张的表现。大人应该为孩子具备了这样的能力感到欣喜，而不是恐惧。

在对待孩子的秘密时，大人之所以必须特别谨慎，是因为相对于强大的父母、教师，孩子处于弱势地位，他们很难为自己辩护。举个例子，进入青春期后，很多父母开始担心孩子早恋，于是去窥探孩子的日记或者检查手机，这其实打破了孩子和父母之间的界限，让孩子完全暴露在父母的审视之下。一个在父母那里没有任何秘密的孩子，很难拥有独立的人格。这样的孩子要么为了获得独立与父母产生激烈的对抗，要么在精神上永远和父母绑在一起，日后成为大家非常熟悉的巨婴。

其实，在孩子受伤的心灵痊愈的过程中，秘密扮演着至关重要的角色。拥有秘密意味着“这件事只有我知道”，它可以证明“我”这个存在具有独特性，从而帮助孩子确立自我同一性。说到这里，你可能会问，什么是自我同一性？为什么确立自我同一性对一个人来说这么重要呢？自我同一性是一个心理学专有名词，简单来说，就是对“我就是我”的认同。在日常生活里，我们的自我同一性多数是通过与他人之间的关系确立的，比如，相对于老板我是员工，相对于父母我是孩子，相对于医生我是病人，等等。这种认同都依赖于别人的存在，但是有一个秘密却拥有这样的力量——“只有我知道这个秘密，所以我就是我”。自我同一性就像是我们心灵的一个支点，从这个支点开始，内心慢慢生出更大的力量。

那么，秘密是不是只有独自保守才有价值呢？并不是。通过与他人分享自己的秘密，心灵的力量会得到增长。一方面，孩子通过保有秘密，确认自己是独一无二的存在；

另一方面，孩子希望有人能和自己一样，于是会努力打破内心的界限，与别人建立关系。孩子会通过与他人共享一个秘密，再一次确证自我。

细读《幸福来临时》，我们还能读懂乌尔班小姐对孩子们的理解。她不急于亲近任何一个孩子，因为秩序和公正能给每一个孩子带来安全感，也能为她赢得孩子们的信任。她不急于揭穿哈玲卡的秘密，但当她发现孩子们对她的信任和接纳时，又不吝于表现出自己愿意亲近。她在故事结束时也没有等来哈玲卡向她坦承一切，但她仍然平静地做出承诺，等待哈玲卡主动打开心扉。

几乎在所有的文化中，撒谎和偷窃都被视作非常严重的道德问题，很少有大人能够坦然面对，更不用说从中看到其积极的力量。其实，撒谎和偷窃也是非常“费劲”的事情。比如撒谎，首先，孩子要能区分外部要求和自身的状况不一样，进而有足够信心能够不让对方发现这个不一样；其次，孩子要掩藏好自己，同时表现出符合对方期望的态度和行为。这都是心智和内在力量成长的表现。

试图纠正、遏制撒谎和偷窃的大人的惯常做法是摧毁这种力量，通过揭穿和惩罚制造恐惧，让孩子再也不敢了，至少口头承诺再也不敢了。大人很少意识到，**分辨内外的不一致，学会调和内外的冲突是每个人终身的课业**。大人坦然接纳这个不一致，认同差别才是正常的。只有双方都主动回到自身，反省自己给对方造成的困扰，才能建立起人与人之间积极正向的关系，实现坦诚相对、相互关心。难就难在，大人习惯了第一时间跳出来表达愤怒，用情绪替代理解，接着就是评判。大人心里的善意、好意总是以一副气势汹汹、羞辱指责的模样面对孩子，既然理解不能发生，弱势的孩子只好用谎言来逃避冲突。

至于偷窃，随着年龄的增长，我们会越来越有能力满足自己的渴望，力量的增长加上我们具备作出道德决定的知识、技能和品格，自然就不会陷入哈玲卡式的挣扎。小时候去人家地里偷番茄吃、偷黄瓜吃的事儿不再发生，并不全是因为害怕惩罚，而是在具有了足够的力量之后，一方面可以充分满足自己，另一方面主动选择了道德的行为。而对低龄的孩子而言，帮助他们分清物权，读懂内心的渴望并清晰地表达，进而选择满足自身渴望的更好的路径与方法，远比揭穿和惩罚能更好地解决撒谎和偷窃的问题。

故事中的哈玲卡缺乏的不是道德知识和技能，而是满足自己内心渴望的力量和机会，乌尔班小姐读懂了哈玲卡的挣扎、痛苦和不安，她愿意“不再谈论此事”，这不是放纵，而是懂得之后的信任。我从来不认为大人应该放纵孩子撒谎和偷窃，但首先得试图理解孩子为什么会这样，他们需要怎样的帮助和支持。唯有理解才会带领我们找到更为适合的解决问题的办法，不是说必须一味像乌尔班小姐一样等待。

我们都撒过谎，我们都偷偷占有过不属于自己的东西，但今天的我们大多数都是诚实正直的好人。哈玲卡是整本书中最明亮的部分，虽然她看起来实在不是很好：

- 狡黠——她算尽心思赢得募捐活动的组织权，偷拿募捐款之后小心翼翼地恢复募捐箱的铅封，其实这需要超群的智识。
- 倔强——“如果我开始哭起来，就不会很快停止”，其实这是内在力量的宣示。
- 敏感——在原本并不期待的什切青城堡游览中，领悟到这世间存在着她所不知道的美好生活，领悟到和有用的东西比，美虽然是多余的，但又是必不可少的。因此，她天性中对美好事物以及美好生活的向往格外强烈。那些特别敏感的孩子是推动这个世界向好的前锋。
- 逃避——她坚持“有一些让我痛苦和不舒服的想法，我不要想”“不要让人看清自己，永远不要说出自己的真实想法，甚至在思考中也得小心”，其实这是对自我的保护和修复。

所有的问题行为背后都有一些积极的力量，因为有意无意地被善待，孩子才得以好好生长，所以在经历了一系列的不幸之后，哈玲卡的幸福来临了。

那么，究竟什么是孩子的“恶”呢？河合隼雄说，“恶”是心里一部分的力量想要冲破出来，没有约束，或者说释放得不恰当的时候，就被定义成“恶”了。其实，孩子们不停生长，必然不断变化，变化促使他们尝试向大人寻求新的关联，此时，不能应对变化、习惯保持旧有方式和格局的大人必然会抱怨：“这孩子以前不这样啊！”“这孩子真是越大越坏了！”孩子对原有关系的破坏在大人眼里就是“恶”，因为它造成原有关系的解体，需要大人不断作出变化以应对孩子的变化。

大人必须尽力摆脱世俗的善恶判断，在看到孩子“恶”的破坏力的同时，也要看到并理解其中的创造力和想象力。预见到孩子要走向自立，大人首先就是反抗。但是自立的契机，在某种意义上跟“恶行”有扯不断的联系。攻击、欺凌、谎言、秘密和性都是孩子成长过程中不可能绕开的“恶行”，保有而不是掐灭这些“恶行”，就是保有孩子内在的力量，这样孩子未来才可能拥有超拔向上的人生。就像《爱德华——世界上最恐怖的男孩》里的爱德华一样，当你的理解变了，想的不一样时，做的就会不一样，爱德华还是那个爱德华，但他却变成世界上最可爱的男孩。

7 情绪认知与自我调整

——孩子脾气暴躁，经常大哭大闹，怎么办？

因为《正面管教》系列图书以及“正面管教”实践的风靡，作者简·尼尔森博士的《杰瑞的冷静太空》作为正面管教工具集合，也非常具有影响力。

该书讲述了一个小男孩陷入情绪问题，妈妈帮助他，和他一起解决问题的故事。整个故事由母子对话构成，为了涵盖14个正面管教工具，这本情绪问题处理教科书级别的图画书，表现出强烈的企图心和极致的琐细，以至于故事内容几乎将14个技巧首尾相连了：

（1）妈妈让杰瑞说出所发生的事情，但认识到杰瑞在讲述之前需要时间冷静下来。（启发式问题，以及等待一个更平静的时刻）

（2）妈妈给了杰瑞一个安慰的拥抱。（在纠正行为之前，先建立情感连接）

（3）妈妈认可杰瑞的感受，而不是告诉他不应该有那些感受。

（4）妈妈告诉杰瑞有任何感受都没关系，但他的行为

并不总是对的。(不可以伤害自己或损坏桌子)

(5)妈妈先问杰瑞有没有办法解决问题。当他想不出办法时，妈妈问是否愿意听听她的主意。(启发式问题)

(6)妈妈继续让杰瑞参与解决问题，向他提出能让他思考的问题，并让他说出他的想法。

(7)妈妈教杰瑞自我抚慰。积极的暂停是与惩罚性的暂停很不一样的一种自我抚慰方法。积极的暂停的目的是帮助孩子“感觉”好起来(冷静下来)，以便他能“做”得更好。惩罚性的暂停会让孩子感觉更糟。我们从哪里得到一个疯狂的想法呢——为了让孩子做得更好，首先要让他们感觉更糟?

(8)妈妈知道让杰瑞参与建立自己的积极暂停角有多么重要，这能让他感觉这个地方是“属于自己的”，还有助于他感觉自己很能干。

(9)妈妈帮助杰瑞了解他的感受和身体的信号。

(10)妈妈没有带杰瑞去积极暂停角，而是让杰瑞自己去的，因为妈妈已经帮助杰瑞学会了自我控制和自律——这是帮助他形成对自身能力的信念的重要步骤。

(11)这个故事说明了“纠正行为之前，先建立情感连接”和“专注于解决问题”的重要性。

(12)积极的暂停不必总是这么复杂。大多数父母不愿意把家里的墙壁涂黑。然而，重要的是，要让孩子参与建立自己的积极暂停角。这可以是简单地放几个靠垫、毛绒动物玩具，甚至是放一段轻音乐——孩子选择的任何东西都行。

（13）让孩子给这个特别的地方起个名字是很重要的，这能让孩子更加感觉到这个地方是“属于自己的”。有些孩子称之为“冷静角”“特区”“好地方”“夏威夷”，甚至“火花”。

（14）不要忘记为孩子作出榜样，当你需要的时候，自己也要作积极的暂停，“我感到很生气，需要到我的特别地方待一会儿，直到我感觉好起来”。

这本书提供的大人与孩子合作处理情绪问题的步骤实在繁复，如果勉为其难地记下来，再一边操作，一边使劲回忆，实践中就难免显得生硬，甚至可能丢失关键步骤。为了方便实践，我整理了一个缩减版：

（1）给一个拥抱或者用孩子喜欢的其他方式抚慰孩子，等待孩子平静下来。

（2）让孩子讲述事情经过。

（3）认可孩子的感受——比如“我知道你很难受，如果是我也会难过的……”

（4）共商解决办法，或者大人提供适当选项供孩子选择。

实践中只要刻意练习几次，这四个步骤还是比较容易掌握并熟练运用的，上述（1）和（2）还可以调换顺序。至于其他的工具则可以归于以下原则：

- 帮助孩子更好地理解正在经历的感受。
- 让孩子更容易借鉴以往的情绪经验。
- 帮助孩子区分不同的情绪。
- 提升孩子的自我表达能力。
- 让孩子明白情绪是生活中很正常的一部分。
- 让孩子感受到大人对孩子的关爱和尊重。

其实，孩子情绪问题的解决并不需要这么复杂的一套流程，实际生活远比这些流程丰富，人与人的相处之所以困难，绝对不仅仅是因为缺乏程序性知识。大人完全可以随心所欲地从以上 14 个技巧中随意拿出一两个来和孩子互动，其余则都归于原则。大人要意识到，**总是否定打压孩子的情绪是不对的**，然后致力于让孩子感受到来自大人的支持，此时大人向孩子传递的便是对孩子的关爱和尊重了。

生活中，当婴儿哭闹的时候，大人常会指着天空说“看，飞机”，或者抱走他们，四处转转看看，再说些闲话。这类注意力转移法可以帮助孩子从情绪脑转为思考脑，对年龄较小的孩子而言，确实是很有用的。像贝西·艾芙瑞的《生气汤》这类情绪主题的图画书，虽然看起来没有简·尼尔森这本教科书完善，但其启发性毫不逊色。故事中的妈妈邀请儿子共同熬煮一锅趣味满满的生气汤，帮助孩子把不良情绪宣泄出来，继而放松下来、平静下来、开心起来，不批评、不说教、不追问，这是非常适合低龄孩子的情绪问题处理方法。稍大一些的孩子具有回溯复盘的能力，当他们对着情绪稳定、乐于倾听的大人表述为什么生气时，已经能从描述和分析中归于平静了，回忆、思考、表达能帮助他们从原来的情绪中转移出来，自己说服自己。

如果大人没有提供及时有效的帮助会怎么样呢？希亚文·奥拉姆和喜多村惠创作的《生气的亚瑟》才是我们所熟悉的日常：

一天晚上，亚瑟想看西部牛仔片，不肯睡觉。妈妈当然会直接拒绝："不行，太晚了，去睡觉。"亚瑟威胁妈妈："我要生气啦！"妈妈说："你就生气吧。"亚瑟开始生气，且越来越生气。妈妈、爸爸、爷爷和奶奶都劝不住。亚瑟的气毁坏了卧室、庭院、家、街道、城市、国家和地球，变成了一场宇宙大爆炸。可到最后，他却想不起来自己为什么这么生气了。

孩子们就是这样的呀！虽然他们知道太晚了该去睡觉了，但仍然会因为妈妈的拒绝而生气。知道不可以是一回事儿，被拒绝后很生气，进而情绪爆炸是另一回事儿。对于低龄的孩子而言，这个力量有时特别大，之后他们还常常会想不起来自己为什么这么生气。

一次学校开放日，室外活动时，小组中一位同学突然哭起来，我问他有什么需要帮助的，他什么也不说，只是埋头大哭。小组里的其他同学七嘴八舌地推测原因，并没有达成一致，就拥上去按照自己的猜测劝解。围观的家长也很想帮忙，就七嘴八舌地询问原因。孩子的外婆也在，一脸焦急地向大家致歉，说孩子很倔强，大家不用再询问了，过一会儿他就会自己好起来。

虽然大家按照外婆的要求退散开，继续各自的活动，但是他并没有好起来，一个人坐在地上，眼泪哗啦啦往下淌。其间，我、孩子们、外婆，以及部分热心家长，都忍不住过去询问好些了吗，需要帮忙吗。他一律不搭理，也没有停止哭泣，哭泣持续了一个多小时。外婆越来越焦灼尴尬，最后只好打电话给孩子的妈妈，妈妈因故没有来。他拒绝了午餐，直到三个多小时后才平静下来，愿意回到教室参加下午的学习活动。我特意给他准备了点心，搂着他的肩膀问他哭的原因，他温和地笑了笑说“我不记得了”，然后就平静地走开了。

这是我遇到过力量最大、哭泣最久的孩子。在这件事儿之前和之后，他都不曾显示过他的超强能量，我却因此更了解孩子们情绪表达方式的巨大差异。我并不试图去消灭这类意外，因为自己和他人的情绪问题本就是我们学习和生活中的重要部分。如果大人帮不上什么忙，那就不帮忙好了，无须自责或者指责孩子。如果大人始终友善，始终爱惜孩子的内在力量，并相信时间会带来成长的奇迹，那么孩子就真的会创造奇迹。

孩子从出生开始，经过自身成长，模仿大人，且接受大人的指导，会逐渐发展出各种情绪，当新的情绪出现时，就意味着他们的内在体验变得更加丰富了。

从外在的表现来看，起初儿童的情绪表现非常强烈且急速变化，在逐渐成长的过程中，他们不再完全靠着尖叫来表达愤怒，他们还会生气地大叫，失望地撇嘴，沮丧地抽泣，或者直接用语言表达他们的不满，用多种多样的方式来表达自己的感受。

从内在的体验来看，5 岁左右的孩子已经能够识别自己的各种情绪，意识到自己有时在同一时间里存在不止一种情绪——但属于同一种初级情绪或其衍生群（见表 3）。大约 8 岁之后，孩子面对同一件事可能同时产生多种甚至截然相反的情绪。**到了 10—12 岁及以上，儿童的情绪不再像幼儿时期那样变化无常，而是能持续更久，他们也开始希望自己的整体情绪在一段时间里保持稳定。他们一方面更加善于用语言表达自己的情绪，另一方面越来越不愿意公开表达自己的情绪。**而那些终身无法觉知和主动调适情绪的人，往往是在早期缺乏良好的示范和支持帮助，他们在情绪技能方面陷入停滞，从而成为长不大的婴孩。

表3　初级情绪及其衍生群

高兴及其衍生群	生气及其衍生群	悲伤及其衍生群	害怕及其衍生群
心满意足的	恼怒的	失望的	关切的
高兴的	沮丧的	泄气的	不舒服的
满意的	生气的	不安的	不确信的
充满希望的	闷闷不乐的	抑郁的	紧张的
快乐的	厌恶的	没信心的	害怕的
骄傲的	妒忌的	排斥的	担心的
开心的	不满的	尴尬的	惊讶的
激动的	愤怒的	难过的	恐惧的
兴高采烈的	愤慨的	不快的	谨慎的
震撼的	嫉妒的	内疚的	受惊吓的
放松的	狂怒的	压抑的	怀疑的
感激的	厌烦的	悲哀的	犹豫的
有信心的	困扰的	焦急的	迟疑的

大人必须了解，当儿童在发展对情绪的认知理解力时，也在学习更好地控制自己的情绪。因此，大人需要做的是平静地帮助儿童有意识地辨认自己的情绪，理解他人的情绪，以及鼓励他们不断增强控制自身情绪的能力，这对儿童社会能力的提高具有重大意义。那些从来不学着辨认、控制情绪的孩子长大后，很可能遇到以下情况：

- 极其容易愤怒、沮丧和抑郁

- 对自己或他人有虐待倾向
- 做父母很失败
- 极其容易对某样东西上瘾
- 有犯罪和暴力倾向

此时，再告诉孩子人人都有情绪，情绪由不同的环境引发，表达情绪的方式有很多种，人与人的情绪反应不同，我们的言行举止会影响自己和他人的情绪等，都来不及了，因为情绪知识、技能和特质是在合适的发展阶段，通过孩子与周围环境的互动来协同发展的，事后的说教并不能真正帮助孩子。

再分享一个对孩子的情绪作出积极反应，并赢得孩子合作的方法，我们会发现虽然家庭教育专家们的表述各不相同，但内在的原则其实是完全一致的：

- **表达出对孩子感受的理解：**既可以是帮助孩子揭示内心的感受，也可以是把自己的理解说给孩子听，核实一下理解是否准确。
- **表达出对孩子的同情：**并不是要父母和教师认同孩子错误的行为，也不是表达一种原谅，只是说你或者很多人都曾有过类似的行为和感受。
- **告诉孩子你的感受：**说出大人觉得问题在哪里，可能导致的后果是什么。

- **让孩子关注如何解决问题：**问问孩子有什么办法避免类似的困境，导致陷入不良的情绪。如果孩子没有想法则由教师和父母提出一些建议，但必须得到孩子的认同。

友善、关心和尊重是上述四个步骤的核心。只要我们决心对孩子的情绪作出积极反应，就足以赢得孩子的合作。很多时候，经过前面两个步骤，我们已经赢得孩子的信任，当进入第三个步骤时，孩子会愿意倾听、理解我们的话，到第四个步骤肯定会很有效果，因为我们已经营造出一种合作的氛围。

8 友谊的最佳样式

——孩子总跟“坏”孩子一起玩，怎么办？

E.B. 怀特的《夏洛的网》毫无疑问可以归为孩子们最喜欢的故事书之列。我称之为两只 zhū 的故事，即一只肉猪和一只蜘蛛之间的故事。我常用这个故事来向大人和孩子说明友谊的最佳样式：

一只弱小的落脚猪，一出生就被认为活不了，小女孩弗恩从父亲的斧头下拯救了它，说“它棒极了”，给它取名叫威尔伯。弗恩爱威尔伯胜过一切，不只是喂养它，还陪伴它，极力争取，令它免于作为春猪早早被卖掉的命运。

移居到谷仓底下的肥料堆，才两个月大的威尔伯就已经活腻了，它觉得除了谷仓的里面和外面，再没有地方可以去，它感到孤独，它觉得自己需要朋友。这时它遇到了夏洛，“我可以做你的朋友，我喜欢你”！

初见这个新朋友时，威尔伯感受到的是凶狠、残忍、狡诈、嗜血，带着疑惑和恐惧相处下来，夏洛不只是陪伴着威尔伯，还给威尔伯带来无穷的欢乐、温暖。夏洛用它的聪明、善良和忠实，帮助威尔伯鼓起勇气，永怀信心，哪怕面对死亡也不放弃希望。夏洛为威尔伯织网，从“王牌猪”到“了不起”，到“光彩照人”，到“谦卑”，用奇迹让人们相信威尔伯是一头特别的猪，从而一步步摆脱被杀、被制成火腿和熏咸肉的命运，夏洛嘱咐威尔伯，“要永远活下去”。

夏洛去世之后，威尔伯将她的孩子们带回谷仓，在之后漫长的岁月里陪伴守望夏洛的子子孙孙。威尔伯永远怀念夏洛，因为对威尔伯来说，夏洛是无可比拟的。

两只普通的 zhū 原本生命都非常短暂。对于威尔伯这只肉猪来说，要么是出生时太弱小、不易养活就会被直接淘汰——被杀掉，要么是作为健康的小猪在满月之后被卖掉换钱，或是在圣诞节来临之前被制成火腿和熏咸肉。对于夏洛这只蜘蛛而言，则是日复一日的织网捕食，直至完成自己的生命周期——生长、繁殖、死亡。

然而，他们相遇并结为朋友。一只一生织网只为捕食的蜘蛛夏洛，用每只蜘蛛都具有的普通技能，一次次地创造奇迹，把平凡的肉猪威尔伯变成特别的猪，让它免于被杀掉吃肉的命运。夏洛这只平凡的蜘蛛也因此变得了不起，它用自身所具有的技能兑现了承诺，改变了朋友的命运。夏洛说它因喜欢而做，付出不是丧失，而是提升自己生命的意义。肉猪威尔伯则将余生全部的优先进食权让渡给老鼠坦普尔顿，只为求得它的帮助，把夏洛的孩子带回谷仓。

两只 zhū 都因为这段友谊而超越了平凡，夏洛是心甘情愿地付出，威尔伯则是心甘情愿地舍弃，甘愿付出和甘愿舍弃是爱的本意，是我所认为的友谊的最佳样式。不是那些最优秀的伙伴用提携赐予我们传奇的一生，也不是那些最亲密的伙伴用抛头颅洒热血式的牺牲换来我们传奇的一生，而是最平凡的你我，在最平凡的岁月里，用并不特别的能力，相互陪伴和支持。

先说小女孩弗恩，大人之于孩子，就像弗恩之于威尔伯。她说与生俱来的差异是“最最不公平的”，她为威尔伯争取机会，让它活下来了。每个孩子降临世上，都带着与生俱来的差异，大人无视差别，用一样的标准去评判、去规训孩子，就是弗恩所说的“最最不公平”。在统一的标准下，他们有各种欠缺，各种不如人意，各种不受教，是让大人感到困扰的“落脚猪”。很多时候他们得不到支持，他们因为生得不够好而被厌弃，大人相信只有训斥和惩罚，才能消灭那些不对和不好。

作为大人，对每个孩子一样就是公平吗？作为教师，对每个学生一样就是公平吗？那么如何看待孩子与孩子之间与生俱来的差别呢？这种绝对公平是真的公平吗？在我看来，作为大人，当我们为需要帮助的孩子提供及时有效的支持时，不仅要让他能够和其他孩子共同发展，还要让其他孩子看到大人如何对待群体中的特别需要者。只有作为带领者的大人致力于让群体成员相互理解、相互支持时，所展示的区别对待才更接近公平的本质。

在对待孩子这件事上，意识到那些“坏”孩子是被天分、命运亏待的人，那些无法表达的孩子是受伤的孩子，意识到绝对的公平其实就是最大的不公平，在看似不同的对待背后，大人是在刻意弥补与生俱来的不公平，这既是了不起的事，也是教育平权的应有之意。

对威尔伯而言，活下来就够了吗？威尔伯很快就过腻了日复一日的生活。弗恩只是威尔伯的拯救者，她不是威尔伯的朋友。我因此联想到方素珍的童话《红鞋子》中的一个细节。一只小老鼠一直独自生活，十分快活自在，它问平生第一个朋友——一只红鞋子：“孤独是什么？是肚子空空的吗？”在经历过和红鞋子相互陪伴、相互扶持之后，月色里，小老鼠独自走在回家的路上，它突然领悟到，孤独不是肚子空空的，而是心空空的。这种关联着相互陪伴、相互支持的心有所属、心有所系，关联着温馨和快乐的心有所依、心有所喜，就是威尔伯和夏洛彼此付出时体会到的爱——平凡又伟大的爱。

孩子们选择自己喜爱的伙伴，并不是基于对方是什么样的人，而是基于对方之于自己的关系和因之产生的美好情感体验。心理治疗师佐佐木正美先生认为，人首先要建立一种自己和周围人互相守护的情感，避免疏离和孤立，这是非常重要的教育前提。婴幼儿时期的教育尤其需要打造和谐的人际关系，让孩子处于“令人放松的关系”中。

“令人放松的关系”不只是指亲子关系，还要求大人自己拥有丰富良好的社会关系，包括家庭与邻里、亲戚之间的关系，孩子和小伙伴的关系。大人要在一系列相互守护、相互信赖的关系中，培养孩子对父母、对他人、对社会的基本信任。

从多年的从业经验中，佐佐木正美先生发现，不擅长育儿的父母基本上都是孤独的，孤独的父母因为自己没有丰富良好的社会关系，他们只能完全依赖自己。表面上似乎看不出来，但他们在孩子的成长发展、学习成绩、课外兴趣，以及运动技能上，都希望孩子能够完全按照自己的心意去做，他们靠这个获得安全感。如果孩子不能实现父母的希望，父母就会感到不安。当这种不安越来越强烈时，父母就会控制年幼的孩子，让孩子成为自己想象中的样子以获得安慰。他们会给孩子下命令，会容易因为孩子做得糟糕而感到焦躁、伤心、愤怒，甚至会对孩子进行严厉体罚和虐待，让孩子不敢说出自己的意见，逐渐丧失自主性和主体性，进而陷入非常不幸的境地。

这种“我该怎么办”的焦躁心态在大人中间非常普遍，即便大人知道要尊重孩子、理解孩子，但在和孩子相处时仍然会为孩子不能达成自己的预期而控制不住自己的情绪。孩子顺从，大人就兴高采烈、千恩万爱；孩子不顺从，大人就心情晦暗、忧心狂躁。

出现这种情况的原因有很多，其中之一是家庭在经济上实现了独立之后，人与人之间相互信赖和相互感谢的关系不复存在，人与人之间分享快乐和分担悲伤的机会也逐渐消失了。此时，眼前的烦恼就占据了人所有的注意力，在丰富的物质生活和极大的精神自由当中，人的生活是瞬时的和冲动的。

首先，改变从大人自身开始，为了让孩子处于“令人放松的关系”中，佐佐木正美先生鼓励父母自己要有丰富的人际关系。他体谅现代人虽然一味追求自由，总想从人际关系中解脱出来，但实际上反而活得越来越不快乐的心情。他认为大人要努力说服自己和更多的人交往，学会在丰富的人际关系中获得平静，尝试找到可以让自己放松的人，努力和别人一起放松，同时让孩子在和别人的交往中长大。

其次，他建议家庭之间相互邀约，不论是和亲戚家，还是和邻居家，都要恢复亲密关系。父母要关心那些和自己的孩子一起长大的同龄孩子，引导孩子找到可以跟小伙伴一起玩得入迷的游戏，融入小伙伴，向小伙伴学习，跟小伙伴交流，根据小伙伴间协商的结果采取行动，而不是挑剔对方是否足够优秀。

最后，他强调父母要率先相信别人的善意，放心地把自己的孩子交给他人来带，也要乐意帮助照顾别人家的孩子，通过细节打造和谐的人际关系，享受跟别人说“谢谢”“不客气”的喜悦，为孩子做示范。

总的来说，当代社会中人与人的交往绝对次数不足，太多人以为只要知识丰富了，人格就会自然形成，但是孩子人格的关键部分不是依赖这些知识形成的，孩子需要在和别人的交往中长大。因此，佐佐木正美先生希望父母不要把和人交往当作一件痛苦或者烦扰的事情，要在每天的生活中努力和人交往，同时，帮助孩子养成在人与人的关系中生活的习惯。在自己居住的社区中，找到可以阖家交往的家庭是育儿的基本条件。

大人努力形成一种自己和周围人互相守护的情感，避免疏离和孤立，从而让孩子处于“令人放松的关系”中。有人把这一观点概括成：关系先于教育。在追求独立自由的时代风潮中，人与人之间相互依存、相互信赖的关系不复存在，父母特别是独自养育孩子的母亲，容易把孩子作为唯一的依赖对象，完全陷入个人的情绪之中，时常为孩子担心、焦虑、烦躁，这些不良情绪不仅不利于大人与孩子之间建立相互支持、合作的关系，而且还会阻碍孩子的健康成长。大人只有积极主动地与周围的人建立相互依赖、相互信任的关系，让自己处于丰富的人际关系之中，育儿的焦虑感才会得到缓解，进而建立放松的亲子关系。同时，孩子也能够通过与更多的小伙伴进行交往，提高他们向伙伴学习、跟伙伴交流的能力，帮助他们顺利融入同龄人的世界。

我曾遇到这样一件事情，一个各方面发展都很不错的

9岁男孩经常哭泣，很多时候老师和同学都不明白他为什么又哭起来了。他哭的时候很用力，号啕着满地打滚，样子很吓人，可是等这阵情绪过去后，他仍然十分主动地与老师和同学交往，整体上呈现的仍然是乐观开朗的状态。访谈得知，因为他从小由奶奶独自照顾，老人担心孙子一旦有什么磕碰，会恶化婆媳关系，所以几乎从不带他下楼。由于长期在缺乏人际交往的环境中长大，这个孩子的社会性发展严重不足，他很难理解交往中来自他人的复杂信息，也不善于表达自己的意愿，更缺乏对自己情绪的认知和调控，很难与老师、同学建立让他安全放松的关系。虽然这种落后状况在入学后已经有所改善，也会在大人有心的带领下，随着年龄增长逐步改善，但在这个过程中，他显然需要更多的理解、支持和帮助。

我从不指责训斥他的各种失态，总是笑眯眯地让他去洗脸，在长长的走廊上往返，让他有足够的时间慢慢平复情绪。我会鼓励他回溯事情经过，说出自己的感受，在他不能清晰表达的时候也不勉强，在他能说清楚的时候表示明白他的感受。我会观察他喜欢和谁交往，在他们之间爆发激烈冲突的时候，代他作出解释以安抚对方，有心但又不那么用力地帮助他维持一段长久稳定的关系。一个孩子，不论他的情况有多么糟糕，只要他有一个愿意珍惜他的好朋友，他的处境就会慢慢好起来。

再如，我的女儿上幼儿园的时候，与一个经常满地打滚、出口成“脏”的调皮男孩成为同桌。老师安排他俩坐在一起的初衷是减少男孩的问题行为，结果却失望地发现，我的女儿十分喜欢和那个男孩一起玩，而且也开始出现在教室里大声喧哗、追跑的行为，甚至偶尔也会满地打滚和说脏话了。当老师将情况反馈给我时，我回想了一下自己做班主任的时候，每每家长要求给孩子调座位时，理由基本都是同桌的不良行为影响了自己的孩子。那时的我总是耐心地劝导，希望家长能够体谅作为班主任的难处，给予对方更多的理解和包容。有时实在拗不过，虽然按照家长的意愿调换了座位，但心里还是有些疙疙瘩瘩，觉得对方有些自私和偏狭。但在那一瞬，我突然特别理解家长焦虑忐忑地开口请老师换座位，希望离那些爱搞事的家伙远一点儿的心情。坐到另一个行为表现良好的小朋友身边之后，孩子就会自然地疏远之前的同桌而结识新伙伴了吧，有这种推测并因此提出解决问题的办法很自然。

很多年后，我才明白，这并不是简单的换不换座位的问题。首先，这个时常出现问题行为的孩子，应该被老师、家长和孩子们接受。我们应该明确地告诉他，“你不可以这样，我们不喜欢你这种行为”，但不能用隔绝的方法将他排斥在群体生活之外，那样不仅会加剧他的敌意和对抗，还为其他孩子提供了用排斥对待不符合自己心意同伴的不良示范。

其次，孩子和不同的人交往是丰富复杂的互动练习方式。尽管有时孩子的言行看起来十分不妥，大人提供干预和帮助十分不便，但大人应清醒地认识到，这是孩子社会性发展的契机，孩子得以从中和大人一起发现问题并尝试解决问题。在真空环境中长大的孩子，并不是完美的孩子，因为他缺乏对他人、对自我的理解，以及参与多元互动，解决各种冲突的练习机会。

最后，同桌之所以显得十分重要，是因为我们惯常的学习方式是长时间的静坐聆听，伙伴交往对象只能是座位周围的同学。如果孩子的课程安排中有大量自由自主的活动，那么他们将有更多机会去寻找、探索，建立让自己感到舒适的人际关系，在身体、情感和思维上获得更为平衡的发展。

16 岁的女儿向我解释，为什么和学霸同桌亲近不起来，“我和她太不一样了”“和她太近我的学习节奏很容易被打乱”。女儿说坐在勤奋好学的学霸身边压力很大，如果上课走神或者没什么问题问老师，就会有深深的“罪恶感”，连课间休息都不安乐，觉得聊天不如看书或者写作业有价值，“她让我每时每刻都很紧张”。是呀，我们需要优秀的示范，但我们也需要令人放松和愉快的关系。

9

大人要无条件接受孩子当下的一切

——孩子老是犯错，怎么办？

大人无条件接受孩子当下的一切，是一种难以企及的理想状态。看到孩子的表现符合心意，大人就感到愉悦舒畅；看到孩子的表现不符合心意，大人就郁闷生气。这再正常不过了。虽然现实中大人在无条件接受孩子当下的一切这件事儿上普遍做得很糟糕，但不能放弃朝向无条件接受一切的自我反省和自我改善。大卫·香农的《大卫，不可以》是帮助大人和孩子重新发现自己、审视自己的好书。

这本图画书的开头和结尾都是大卫的视角，小小的他看到的世界里，大人都只有腰部以下，这在提醒大人，孩子眼中的世界和大人眼中的世界本就是不同的。活在自己世界的大卫是个在大人眼中干尽坏事儿的典型坏小子：

- 攀高偷拿糖果。
- 把满脚满身的泥沙带进屋子里。
- 在浴缸里玩，把水弄得到处都是。
- 洗完澡不穿好衣服就跑出去了。
- 大声喧哗。

- 把食物当玩具，边吃边玩。
- 饮食毫无节制。
- 到了睡觉时间仍然在看电视。
- 到了睡觉时间仍然吵闹。
- 挖鼻孔。
- 不收拾整理自己的物品。
- 屡教不改，在房间里打球，砸烂了花瓶。

从大卫的视角来看，他一直在被妈妈指正。一开始他嘻嘻哈哈，看起来满不在乎，在积累了很多压力和不良情绪后，他开始感到难过沮丧。此时，妈妈用拥抱安抚他："大卫乖，我爱你！"

如果大人理解儿童因为不知道或者知道却做不到而导致的艰难处境——他们当然会因为频繁地出状况而承受很大的规诫压力，大人在指正孩子不当行为的同时，就会让孩子感受到大人并不因此厌弃他，让孩子相信大人对孩子的爱是无条件的，绝不会让孩子误解：只有足够好、足够符合大人的心意，才能得到大人的接纳、喜爱和赞赏。

每个父母都希望自己的孩子是好孩子，究竟怎样才算是好孩子呢？日本心理治疗师佐佐木正美先生认为，带有与年龄相符的孩子气的孩子才是好孩子，孩子就应该做符合他年龄的事情。婴儿用哭泣吸引妈妈注意，让妈妈抱，让妈妈哺喂，让妈妈换尿布，这就是发育得很好的孩子。

而对父母的心情变化很敏感，一味做出讨父母喜欢的事情，不给父母添麻烦，这样的孩子精神状态并不健康，自立能力发展得往往比较缓慢，这样的孩子虽然看起来能听从别人的命令，但是没有按照自己的想法行动的能力。

大人认为婴儿不哭不闹就是好孩子，这样的期望因为不符合这个年龄孩子的特点，所以是不恰当的。事实上，很多孩子在某个年龄段的典型特点被大人当作问题和缺点来看待，比如制止孩子重复做同一件事情，要求低龄的孩子久坐静听、令行禁止，这背后既是大人对低龄孩子的典型特点缺乏了解，也是大人对孩子的不接受，甚至彻底否定。大人不知道，孩子不断重复地做同一件事情，能够发挥主动性和创造性，所以低龄的孩子需要更多自由自主的游戏。当大人试图依赖奖励或惩罚改变孩子这些特点的时候，他们自以为是在帮助孩子矫正问题行为，却不知道正是这些不当的外部刺激破坏了孩子的自我价值感，加剧了孩子的问题行为。更为隐蔽的是，这个过程传递出大人对当下孩子特点的不接受和指责，这不仅容易破坏相互信任、相互支持的关系，还会使孩子陷入自我否定之中。

佐佐木正美先生强调，**人越是被全面接受，就越容易有安全感，并真正独立。每个人都需要尽早在自己的人生中拥有被别人全面接受的经历，有了这种认可，人才能够安心生活，采取自己的行动，安心做自己的事情。而父母要做无条件接受孩子、给予孩子极大信任的人，并持续终**

生，这样孩子就可以通过信任父母，信任父母之外的人，建立自我价值感，表现出自信和自律。

大人要无条件接受孩子当下的一切，那是不是表示大人不能对孩子提要求，不能对孩子怀有更高的期望呢？这里的无条件，不是指大人对孩子表现出来的所有倾向和特点事先进行好坏对错判断，或者有选择地接受、奖赏，而是一揽子接受“他是这样的呀”，然后在需要改进的地方给予支持和帮助，使他朝着更好的方向发展。

大人当然可以对孩子有要求、有期待，但这必须是适当的，大人可以温和地多次重复自己想要传达给孩子的意思，这样大人在帮助孩子朝向更好的同时，还能培养孩子的自信心和自制力。佐佐木正美先生说，**等待是育儿中的重要心情**。当孩子做不到的时候，大人应该不担心、不焦躁、不指责，告诉孩子可以这么做，不可以那么做，在一边守护着孩子。大人需要相信孩子，相信时间，相信成长的力量，焦躁、担心和愤怒只会把一切弄糟。

大人对孩子的过度期待或许是出于爱，为孩子考虑，希望他将来能够拥有更加丰富的人生，但这么做往往会南辕北辙。当孩子面对大人时，孩子心理上感受到的反而是拒绝。对孩子而言，大人是在换一种方式对现在的自己表达不满。其实，超越孩子能力的期待是一种束缚，会让孩子失去主动做事的愿望，孩子只能在别人的命令和约束下行动，逐渐无法真切感受到自己想要做什么，无法培养独立性和主体性。这种情况达到一定程度会演变成虐待，这其实是大人贪婪自私的表现。

很多孩子发育和成长的速度比育儿书上写的要慢，大人应以更加放松的心态育儿。不过，每个孩子的情况不一样，大人必须警惕过度期待成为孩子自由成长的障碍。大人要相信孩子有自愈能力，会自动朝着好的方向发展。只有被大人全然接受的孩子，才能安心做自己想做的事情。

无条件接受孩子的一切还要求教育从业者不能将孩子的父母看作敌人，要给那些不擅长养育孩子的父母更多体谅和更多支持。教育从业者的困难在于，既不能只考虑孩子的感受，也不能只考虑父母的感受，需要考虑父母和孩子双方的感受。如果忽略了父母的感受，孩子的幸福就无从谈起。教育从业者要习惯那些无能为力的事情，抱持“只要尽了最大努力就好”的想法，不要因为努力之后没有好的结果而生气。最重要的是，教育从业者即使看不到成果，也要做出最大的努力，并从中感受喜悦和生命的价值。

做一道单项选择题，你认为以下哪一项对人的影响最大？①遗传因素，②原生家庭，③社会影响（所处社区社群），④个人经历（包括所受到的教育）。

关于②③④选项，大家比较容易认同它们的影响作用，但现在越来越多的专业研究者认为，对人影响最大的是选项①遗传因素。这恰恰是父母、教师最无能为力的。父母可以努力地为孩子择校，教师可以不断地提高自己的专业素养，但我们目前的技术却无法改变一个孩子的遗传基因。

基于此，在我看来，不论对父母还是对教师而言，教育中最艰难的功课不是提高自己教养的知识和技术，而是努力地去完成一个没有终点的任务，那就是理解儿童。

父母和教师承认家庭教育、学校教育的有限性非常重要，“有时去治愈，常常去帮助，总是去安慰”，这是一位医生行医生涯的概括和总结，其实也应作为父母和教师的座右铭。正因为完全理解儿童是既不可能又需要无止境努力的事儿，所以我们能帮到孩子的时候并不多，真正改变他们的时候就更少，我们确定可以做的只是去陪伴他，在他难过的时候安慰他。“有时”“常常”“总是”的背后，是我们对教育的理解。

作为父母，我们很担心自己做错什么，会对孩子造成不好的影响甚至伤害。作为教师，我们也很担心自己做错什么，明明是好意，却成为孩子憎恨一生的噩梦。越是好父母、好老师，越容易为自己的作为感到不安。

实际上，对有限性这个问题，有的人会从积极的方面去看待。虽然我们的影响是有限的，我们的帮助也是有限的，但是一旦确定我们能帮上忙的时候就不要犹豫。即使我们帮不上忙，也不要太过焦虑或给自己太大压力，因为人本身有一种自愈的能力，一种成年后对过往经验重新理解和诠释的能力，我们也叫它自我修复的能力。所以父母和教师真的不需要为一件小事儿耿耿于怀，或者是因为自己的不足和能力有限，就感到教育的无用和不可能。

对于低龄的儿童，我们不会轻易甚至从不会把他的一些所谓的行为问题归结为“问题”。这些不是问题的“问题”可以分为两类。第一类，你认为是问题，实际上不是什么问题，它会随着儿童的成长自然消失，就像一些疾病会自愈一样，如果你不恰当地干预和过度担心，这些成长中暂时的现象和行为就可能会巩固下来成为真的问题。第二类，确实需要帮忙的问题，只有依靠帮助，儿童才能摆脱这个行为带给他的困扰。低龄儿童的问题行为按照形成原因可分为三种：

- **不成熟：**身体发展、智力发展、沟通能力、情绪调节能力、社会技能不足等。
- **未满足的需要：**独处的需要、被关注的需要、成功和挑战的需要、掌控感、安全感、被爱与被接纳等，且个体需要存在差异。
- **压力与弱势：**因暴力、遗弃、贫困、慢性疾病等导致的。

第三种情况一般需要寻求专业人士的支持和帮助，所以我们先了解前面两种情况——不成熟和未满足的需要。

先说**不成熟**。

几个孩子在一块儿玩的时候打起来了，孩子们开始哭。

你很生气：怎么能打我的孩子呢？或者你很抱歉：我们家孩子又打别人了。有的家长说没事儿，他们这会儿打架到明天又好了。有的家长会愤愤不平，怎么老是我们家孩子挨打？我究竟应该教孩子还手还是不还手？

实际上通过我的观察和与孩子们的讨论来看，孩子们处理纠纷的方式有很多种。面对这种你打我、我打你的事情，他们总结了 12 种理解纠纷和解决纠纷的办法。也就是说，孩子们在无意识的情况下，他们实际解决问题的办法比我们认为的打和不打要丰富得多。许多类似的问题都让我觉得，是我们对儿童理解得不够。

不成熟是什么意思？我们有时候可能没有意识到，孩子们之所以用拳脚牙齿解决问题，是因为沟通能力不足。在我任教的班级中，有一个男孩子小勇经常突然地打别人一下。仔细观察就会发现，别的孩子玩游戏或者参加活动时很自然地就加入小组了，而小勇纠结半天，好不容易开口提出要求："能不能让我玩儿呢？"马上被干脆地拒绝："不能，我们不跟你玩儿！"于是，小勇很生气，开始动手，这是一种情况。

还有一种情况是，两个孩子好好地说着话，小勇突然上去对着其中一个孩子就是一拳，而且下手特别重，挨打的一方自然会生气或是哭泣。实际上小勇表达的是一种想要加入的意愿，或者是希望与人发生更多的联系，但是小勇的语言表达跟不上他的思维。

当我们觉得哪个孩子特别爱打人，或者我的孩子特别爱打人的时候，我们应该认识到：沟通能力的不足不能作为道德问题去解决，否则非但不能解决问题，还会给自己的孩子和别人的孩子非常大的压力，甚至会妨碍孩子社会技能的发展。此时大人需要做的是帮助孩子认识到自己为什么愤怒，发现并表达自己的愿望，帮助孩子理解别人的感受，而不是一味讲道理“我们要团结友爱”，或者指责“你怎么能欺负别人呢”。

情绪辨识能力、情绪控制能力的不足属于社会技能的不足。有的大人可能会很苦恼：我说了很多遍，我们家男孩子就是很爱哭；我们家孩子因为一点点事情就会发很大的脾气，我们大人都不是这样，为什么会养出脾气这么坏的孩子？不论男孩还是女孩，认识情绪，并且有意识地控制、调节自己的情绪都需要一个比较长的发展过程，堪称是每个人毕生的课业。如果仅仅强调男孩子不能哭，否则就是不坚强、不勇敢，这并不能帮助他完成情绪的认知。我们对着大发脾气的孩子大发脾气，并没有帮助他认识自己的情绪，也没有作出控制情绪和调整情绪的示范。

还有身体生长的不成熟。过早执笔的孩子，如果被教师和家长要求写出笔锋，就是“点儿由轻到重”“撇儿从重到轻”这一类的要求，那么他们当中成年以后握笔姿势不正确的比例会非常高。为什么？因为孩子手部精细动作的发展存在差异，那些发展较慢的孩子为了写出笔锋，就会用奇怪的姿势加大手部力量，比如勾手腕、握笔时攥拳等。当父母和教师提出的要求超过了这个年龄能够达到的能力时，孩子只能用一种不正确的方式去实现，这时身体生长的不成熟就会引发双方之间的很多冲突。

智力的不成熟令孩子学习的时候“学了很多遍还是错”。比如我们给二年级的孩子四个句子，让他们做逻辑性的梳理和排序，错误率是非常高的。但如果把这个任务放到四年级去完成，绝大多数孩子都能够轻松地正确排序。

理解孩子的不成熟对于改善孩子的现状有帮助吗？当然有，如果你找对了原因，再去寻找与问题匹配的方法，那么情况就能得到改善。你还会发现，原来很多问题压根儿就不是问题，却因错误的干预被折腾成了“问题”——这是我们家庭教育和学校教育中过分和过度的地方。

再简单说说**未满足的需要**。

人饿了要吃饭，冷了要穿衣，还需要与人建立积极的关系……只有这些需要得到了满足，儿童的身心才能得到良好的发展。

孩子有安全感、归属感的需要，满足他们被关注、被尊重的需要等观念，已经被大众认可。但是，当下的家庭教育容易走到另一个极端，那就是“孩子还小，不懂事”，言下之意是等孩子大了自然就好了。这种放纵我们是反对的，因为孩子除了需要父母、教师的关爱，还需要规则、秩序，以及它们带来的安全感。教育之难在于，父母和教师要权衡，满足孩子哪些需要，怎么满足这些需要，才能促使他们更好地发展。总之，父母和教师要有对孩子需要的教育学的理解，而这一点儿不容易做到。

还有一种偏颇，是所谓的“挫折教育”。事实上，人并不是因为吃了很多苦而变得更坚强，也不是因为吃了很多苦而再也不觉得苦，当人为设置的困难障碍破坏了孩子与父母、教师乃至社会的关系，破坏了孩子对自我的认知和认同时，就是在伤害他们，而不是在教育他们。

当大人能够从以上几个方面去分析孩子的所谓问题行为时，接纳才成为事实。接纳不是说由着他想干什么就干什么，想怎么闹就怎么闹，做不好就算了，这个不叫接纳。接纳的意思是明白真正的原因，然后帮助孩子面对挑战，帮助孩子解决问题。

其实当我们说帮助孩子成为“更好的自己”时，重点在“自己”两个字，因为遗传因素对一个人的影响，激进派认为超过 90%。这个部分即所谓的“出厂设置”对人的影响，是我们目前还不大了解的，且不可能让孩子“回炉重造”，给他换一种基因。人的教育只能基于他的先天特性，让他拥有更好的发展可能。帮助孩子，就是帮助他成为“更好的自己”，而不是帮助他成为更好的别人。

在这个过程当中，可为的部分必须是基于对孩子的理解进行的。精心养育孩子的父母，用心教学的教师，最容易出现的问题不是不爱、不管，而是过度的操控，急于判断对错，或想到一个后果自己吓唬自己。再就是忘记了孩子在变。孩子变了，大人就得相应地做出新的理解和变化，跟上孩子的变化，否则就会觉得，孩子越来越不好教了，越大就越不听话了。

其实不是这样。每向前走一步，当大人觉得不好或有困难的时候，也有好的一面，那就是孩子更有力量了。当孩子有事儿不再告诉大人，甚至开始撒谎的时候，就说明他认为自己有能力把握、控制这件事情。他意识到什么是自己的立场，什么是大人的立场，彼此立场不同可能带来的压力风险，如何让自己呈现出大人希望的样子，规避可能的压力、惩罚，这是非常复杂的认知和互动过程。所以，我觉得父母和教师对孩子的成长应该有一些更好的理解，而不是对孩子的不足、错误“穷凶极恶”。

我常常安慰同行和年轻的父母，当训斥、吼叫、指责不能解决问题的时候，理解或许是一个好的开始。

作为一名有着 20 年研究和实践经历的教育从业者，我日渐了解并时刻提醒自己：学校教育、家庭教育和社会环境之于人的影响非常有限，遗传因素之于人的影响不容忽略。当我在工作中努力理解孩子的特点，然后基于理解顺应孩子的天性，帮助他们成为“更好的自己”的时候，我宁可留白也不愿把孩子们的时间、情感、精力都占满，宁可消极一点儿也不愿太过激进，因为我总是担心用力过猛会伤到孩子对他人和世界的信任与依恋，会损害他们学习的热情和好奇心。

后来遇到新兴“显学”积极心理学，我在《心理定向与成功》(又名《看见成长的自己》)一书开头的测试中惊讶地发现，自认为积极上进的我竟然是以非常消极的心态面对自己和他人的成长的。女儿来做测试，果然和我的倾向一样。作为与我最亲近的人，受到我的观念影响最深的当然是女儿，这让我检讨自己是否在一些当积极进取之处选择了放任。

大家可以来自测一下。下列四项，你最认同哪一项?

①智商是你自身具有的，完全不可能改变的一种基本特质。

②你可以学习新的知识，但无论如何不能真正改变你的智商。

③不论你的智商如何，你都能够或多或少地改变它。

④你总能使自己的智商发生较大的改变。

做这道题的时候，你还可以用你在意的“体育能力”“艺术才华”等替换“智商”来完成测试。

咱们再来一组自测，仍然是选择你最认同的一项。

①你就是这么一种人，没有任何一种方法能够促使你真正发生改变。

②无论你是哪种人，你通常可以有较大的改变。

③尽管你做事的方法不同，但你个性中最主要的特点是不会改变的。

④你总能使自己的个性发生较大的改变。

在第一组测试中，选择①②的人具有固定型心理定向，选择③④的人具有成长型心理定向。在第二组测试中，选择①③的人具有固定型心理定向，选择②④的人具有成长型心理定向。

一个人的智商心理定向和性格心理定向可能会不同。生活中涉及能力、智商的时候，你的智商心理定向就会发生作用，涉及独立性、合作精神、同情心和社会交往技能的时候，发挥作用的就是性格心理定向。

具有固定型心理定向的人，更加关注别人怎么评价自己。具有成长型心理定向的人，更加关注自我发展，相对于向别人证明和展现自己的优秀，具有成长型心理定向的人不畏惧表现出自己的不足，相信只要自己努力学习就能变得更好。

书中有个例子比较有意思：老师请同学上台，就刚才学习的内容回答几个比较难的问题。具有固定型心理定向的学生会觉得自己表现不佳，觉得大家都在看着他，紧张不安，不敢正视老师，甚至感到自尊受到了伤害。而具有成长型心理定向的学生会觉得自己作为一个初学者，就是来这里学习的，老师是帮助自己获取知识的人，他不会紧张尴尬，非常坦然自在。

积极心理学认为，**心理定向可以改变。人的智商、能力、社会交往技巧等各个方面都可以通过学习获得发展。**

作为终身学习者，不必时时处处证明自己足够优秀和完美，应坦然面对自己的不足，并积极通过学习弥补和改善。

仔细琢磨，发现更多。虽然人的遗传基因不可改变，也就是人各有天分禀赋，但人一直在生长，一直在变化，周遭的环境也在不断发生变化。回头再看，昨日的困难多数已经不值一提。今天的问题也可能随着时间推移消失化解。随着年龄的增长，那些曾经不具备的能力已然具备。可以预见，不断努力的自己，未来会比今天更有智慧和能力，待人处事会更加练达。

当我们说遗传之于人影响巨大的时候，是提醒不要过于勉强，不要急功近利，但有时又因此过于消极，忽略了成长带来的进益，忘记了自己通过努力可以并已经变得更好。只有拥有了各种各样的阅历，才会成长为如今纷繁复杂的我，且如此美好。

10 异性是超越的力量

——孩子早恋，怎么办？

女儿 4 岁的时候，幼儿园老师给她们班的小朋友讲美国作家本·科特的《小猪变形记》：

一只小猪看到长颈鹿，羡慕长颈鹿个子高看得远，就踩着高跷做起长颈鹿。摔跤之后给自己涂上斑马的条纹做斑马，觉得这身外套特别酷。被大象喷水冲掉颜色后，它绑上塑料管和叶子做起大象。打了一个喷嚏，塑料管掉了，它便在脚上绑上弹簧模仿袋鼠。后来，又用羽毛和贝壳做了翅膀和鸟嘴，模仿鹦鹉。飞翔失败的它跌入泥潭，却发现在泥潭里打滚儿才是最快乐的事。

讲完故事，老师问："这只羡慕别人、模仿别人，让自己变来变去的小猪最想成为谁？"女儿在讨论交流的时候说："小猪最想做它自己，因为在烂泥里打滚儿是它最快乐的事。"老师听到这样的回答很是欣喜，专门在放学的时候告诉我这件事儿。

多年之后，我将这个故事拿出来重温：喜欢一个人是不是非得放弃自己？是不是非得做出对方喜欢的样子？是不是非得做对方喜欢的事情？当我们因为喜欢一个人而尝试没有做过的事情时，喜欢一个人就成为远离原有生活处境的动力和契机，扬长避短也好，弥补缺漏也好，试着跟随自己喜欢的人，感受经验不同的活法挺好的。人这一辈子，总得有点儿和只爱在泥潭里打滚的小猪不一样的追求。对于我们而言，我们喜欢的人常常具有带领我们超越自己的力量。

饭桌上，女儿一脸困扰地问我："我是不是同性恋？"我愣了愣，询问原因，女儿迟疑半天，叹口气说："看到好朋友——一个女生啊，跟别的同学玩，我心里很难受。为什么我会对一个女生也有这种独占欲呢？"我忍住没有当场喷饭，淡然笃定地说："你这不是同性恋！"

我们对非常亲近的人，常常有一份远远多于旁人的期待，包括对亲密朋友的独占欲，其实对父母也有这种独占欲。很多家庭在生了二孩之后，大孩会感到难以接受。因为大孩看到父母对二孩无微不至的照顾，感到二孩夺走了原本自己独享的一切，大孩会被没有心理准备的丧失感困扰，觉得不舒服，甚至很受伤。

我们与好朋友原本有一段双向的情谊，第三个人、第四个人加入后，如果他只与其中某一个人打交道，另一个人就会有丧失感，觉得友谊被分薄了。如果加入进来的第三个人、第四个人与我们都保持着密切的交往，变成多方互动，感觉就会好很多。

我给女儿举例子：当年我和杨阿姨关系亲密，但她的朋友可多了，于是我有点儿失落和难过。现在回想起来，其余几个和杨阿姨交往多的，当时也有类似的失落和难过，可惜那时候我们很难体会到这一层，只顾着自己失落和难过。如果这种失落和难过承受得住，那就承受着。如果确实承受不了，就需要多交朋友，不把时间、精力、情感投注在一个人身上，平均外交。但多方互动也是要额外付出时间、情感的，如果超过负荷，觉得频频面对不同的人会辛苦，这时候就没有必要勉强自己。每个人都可以自己决断，能让自己释然就行。

我告诉女儿，青春期里的残酷很多都和这种失落感、这种难过有关。比如谁背地里说了我的一句坏话就耿耿于怀，谁抢了我的女朋友、男朋友就要毁天灭地等。青春期的青少年，特别不能接受自己形象不佳，不能接受这种丧失感，不能接受自己被忽视和无视。理解了这些，我们就要注意不要无意中伤了别人而不自知，同时，也要学会理解自己，接受自己的不舒服，提醒自己没必要反应过激，做出伤人伤己的举动。

还有另一种过激反应在青春期特别容易发生，就是明明自己心里喜欢一个人，却总是要去欺负对方。这种刻意地针对看着像敌意一样，其实是自己内心难以调和，不知道如何表达自己的情谊。想亲近，既怕别人取笑，又怕对方不领受；不亲近，心里确实总是惦记着。最后大家看到的就是很敌对的样子：追着打，或者总是爱理不理的，动辄恶语相向。这种现象在少年时期的男生女生中，时有所见。

我少年的时候喜欢席慕蓉，觉得她有句诗说得特别好：**“在你年轻的时候，如果爱上一个人，请一定一定温柔地对待他。”**不要明明喜欢还故意为难、伤害对方。喜欢就好好待他，至少不要口出恶言、刻意针对。就算是被人取笑，也淡然置之好了，喜欢一个人是很美好的事情。

女儿小学毕业典礼那天我正好出差，突然收到同事和家长们铺天盖地的微信，说看到女儿和她的同桌穿着礼服出场——凑巧他们俩主持毕业典礼，全体师生一起高呼“在一起——在一起——”，这样的盛况让大家又意外又激动又欢乐，一面加入起哄大军，一面纷纷向我“报喜”。我当时很担心女儿会尴尬，毕竟那是她曾经有好感的男孩，同时又是同学口中的“绯闻男友”。事后我有心地提及，女儿说，“之前试礼服的时候就预料到了，不意外，没事儿”，我很是欣慰。我能理解大家娱乐八卦的心，要么互相八卦，要么一笑而过，也就翻篇儿了。如果十分计较、患得患失，就容易过得既别扭又艰难。其实，即便非常难过，也是对情感体验的扩展，并没有什么不好。

喜欢一个人，对一个人好并不是多么吃亏的事情，更没必要不好意思。我告诉女儿，因为我从小身体协调能力差，体育成绩一塌糊涂，所以一直喜欢体育运动方面特别优秀的男孩子；因为我不喜欢女孩子之间的黏黏糊糊，所以喜欢洒脱磊落的男孩子；我还喜欢那些知识丰富、脑子灵活的男孩子，觉得和他们在一起心境视野特别开阔，有说不完的话……。喜欢一个人就是喜欢他们身上那些美好的东西，接近他们就是接近那些美好，所以会觉得特别舒服、开心。喜欢一个人就是喜欢靠近时那种很美好、很满足的心境。但是，我也担心自己的喜欢会令对方感到不自在、有压力，因为很多时候我并不确定对方是否喜欢被我喜欢，不确定自己身上是否具有令对方喜欢的、愉悦的东西，并不确定自己是否能令对方感到舒服开心。所以我们只能以礼相待，平常相处，这样彼此更自在。虽然不刻意接近，不刻意经营，但我会努力让自己身上多些美好的东西。如果学得来，我还会向那些我喜欢的人学习，努力让自己成为他那样的人。“喜欢一个人，就是努力让自己变成更好的样子。我喜欢过很多很多人，然后就变得今天这么好了。”女儿意味深长地向我一瞥，是在腹诽我人不含蓄了吧。

有一个六年级的女生，喜欢隔壁班一个男孩，经常下课后站在那个男孩班级的窗前望着他。这么大张旗鼓，自然人尽皆知。后来，女孩一出现在窗前，男孩班上的同学就开始起哄，一起取笑那个男孩，让男孩非常尴尬、懊恼。班主任多次提醒女孩，这样做给对方造成了困扰，能不能换一种大家都能接受的方式表达情谊，但女孩依然故我。

我把这件事说给女儿听，发表感慨："喜欢确实是一个人的事情，但不能不管不顾给喜欢的人造成困扰。喜欢有时也只能是一个人的事情，强求不来对方的回应，你喜欢他，他不喜欢你，太正常了。或许大家可以一起去看看日本中学生的天台表白。"女儿没心没肺地回我一句："那就换个人喜欢呗。"好吧，这事儿以后再说，提得起却放不下才是人之常情啊。

在很多人的记忆里，可能还留着自己小时候关心或喜欢过的异性。那时候，光是想一想对方的名字，心头就会小鹿乱撞。然而从大人的角度来看，孩子还不成熟，他们的情感不深刻、不稳定。因为异性而生的痛苦、烦恼就像感冒发烧一样，睡一觉起来就好了。真的是这样吗？

其实不论对于大人还是孩子，异性都是非常重要的对象，对方的存在会改变自己的整个世界。和大人一样，孩子一旦喜欢上什么人，也会做出意想不到的事儿，或者体验到意想不到的感情。比如患得患失，感到不安和痛苦，非常在意自己在对方眼中、心中的形象，等等。很多大人会想当然地认为，孩子去经历这样的情感，是对精力和时间无意义的消耗。事实上，这对孩子来说也包含着积极的力量。孩子因为对异性感兴趣，会努力去理解他人，从而重新认识自己。可以说，一个与日常世界完全不同的世界就从这里打开了。

和大人一样，孩子在尝试接近异性的过程中，每个阶段也会有相应的任务。这是一条漫长而艰难的路。比如他们会发现一厢情愿无法获得预期的回应；体会到当自己的感情无法被对方接受时的孤独和煎熬；明白一种不同于家人间的、超出血缘的情谊。我们理解、接受大人常常因为异性而改变自己，却拒绝理解、接受孩子因为异性而改变，这是非常荒谬的。

河合隼雄在《孩子的宇宙》一书中讲了一个女孩喜欢上其他班一个男孩的案例。女孩的班主任发现，他班上的女孩 A 会来上学却不来班里上课，她出现在男孩 Y 的班里，整个上课的过程一直凝望着男孩 Y。女孩 A 并没有和男孩 Y 说话，只是默默地待在他的身边。老师提醒她回自己班，却没有效果。女孩古怪的行为惹得同学们议论纷纷，最后班主任只好向心理咨询师求助。

经过几次咨询，女孩开始能够稍稍对自己的行为做出客观判断，她意识到自己的这种异常行为令老师和同学困扰，且害怕大家不接受，因而产生了进一步的苦恼与混乱。这时，心理咨询师既没有要求她必须结束这段感情，也没有进一步强调大家的不接受，而是始终陪伴着她，与她共同面对这份煎熬。

后来女孩实在无法忍受这种痛苦，试图自杀，由于发现及时被救了回来。咨询师去探望女孩，女孩希望把自己的想法告诉男孩，无论男孩怎样回答，她表示自己都有思想准备。为了帮助女孩，咨询师征得了校方的同意，事先跟男孩做过沟通，在副校长、班主任均在场的情况下，女孩和男孩在接待室见面了。女孩当众说出了自己的心意，男孩平静地听着，最后的回答是："我并没有感到这件事儿给自己带来多大的困扰，我对你既谈不上喜欢，也谈不上讨厌。"男孩说完这些就离开了，女孩哭了一会儿，恢复了平静。咨询师后来观察到，女孩又经过一次情绪的反复后，从此专心投入学习，最后取得了优秀的成绩。从前发生的那些事情就像没发生过一样。

在这个案例中，我们看到了女孩一路走来的心路历程：她一意孤行地跟随男孩，需要反抗老师；她坚持表白，需要反抗家人和校方。这些都需要莫大的勇气。慢慢地，她从只注重自己的感受，盲目地跟随心目中完美的异性，到能够体会到周围人的感受；从不能承受痛苦自杀，到主动提出表白，并在被拒绝之后释然，积极地投入学习和生活。她一直都在超越过去的自己，从而变得更加有力量。从这个真实的案例中，我们能够看出，不论对于大人还是孩子而言，异性都可能在通往超越的路上，扮演着重要的角色。

大人认为爱上一个人是美好的事儿，对孩子而言是一样的。大人体会到爱而不得的苦恼，对孩子来说这份痛苦也同样真实。虽然爱容易使人盲目，让人看不到自己和喜欢的人以外的一切。但是，也只有在爱中，人才开始学会关注自己以外的更广阔的世界，并不断地去求取平衡。这是对人最好的锻造，不论大人还是孩子，都会因此得以成长。河合隼雄说，没有痛苦的爱情并没有多大意义。拥有不安和恐惧也是健康的，因为孩子会在痛苦中学习适度控制自己的感情，等待恰当时机的来临。而所谓恰当的时机，就是当孩子情绪冲动的时候，无论这种情绪是愤怒还是悲伤，大人都不应过度介入或接近，而是应该在保持适当距离的地方陪伴着对方。

11 在安全的、恰当的关系内，谈论私密话题

——孩子对性感兴趣，怎么办？

日本作家山本直英创作的《小鸡鸡的故事》是一本非常好的儿童启蒙性教育读本。孩子慢慢长大会意识到，自己的身体与异性的身体是不同的：

男孩儿的两腿中间，有个小鸡鸡。男孩儿的小鸡鸡，也叫作阴茎。其实，女孩儿也有小鸡鸡，不过，跟男孩儿的有些不一样。

…………

当你还很小，不能自己洗澡的时候，爸爸妈妈会帮你洗。不过，你的私密部位最好自己来洗。尤其是小鸡鸡，要把顶部的皮肤翻起，用温水轻轻地冲洗。先请爸爸或妈妈教给你，然后就自己来洗吧。

…………

还有一些事，对你来说很重要。你的小鸡鸡后面，还悬着个袋子吧。这也是很重要的部位。等你到了上中学的年龄，像一个大人了，在那个袋子里的一个叫作睾丸的地方，会产生很多叫作精子的东西，它们可是人类的生命之

源啊。

女孩儿的肚子里，也有一个叫作卵巢的袋子。等女孩儿长大了，那里会产生卵子，同样也是我们的生命之源。这两种生命之源结合在一起，就变成小宝宝了。你也是来自这两种生命之源。爸爸的精子和妈妈的卵子，这两种生命之源结合在一起，生出了你。

…………

和孩子共读《小鸡鸡的故事》这本画风非常柔暖的图画书时，你是否有些不自在呢？如果是，你需要一些刻意练习。大人在和孩子谈论与性有关的话题时，完全可以轻松地回答孩子所有的问题，坦然淡然悠然自然超然地用孩子能够理解的语言讲述。

人对异性的兴趣，一方面源于对情感体验和空间拓展的需求，另一方面源于身体的欲望。此时，随着孩子身体的生长发育，除了担心孩子无谓地消耗时间、精力，大人的担心还来自性。这些难题往往连大人都不知道如何处理，更不要说孩子了，所以，多数父母面对异性对孩子的吸引问题干脆一禁了之，以绝后患。殊不知，大人这样做其实是弄错了孩子与异性关系的本质——大人会下意识地把自己的性欲问题投射在孩子们的情感里，而情感拓展和与孩子谈论性的相关知识，在教育中是完全不同的两件事儿。无论是极端严厉的禁绝，还是放任不管，都不可取。那么大人可以从什么时候开始，又应该如何和孩子谈论性？

记得女儿 6 岁时，看完《世界上最脏最脏的科学书》，在饭桌上一面吃饭，一面坦然地问我和先生：“你们俩有没有痔疮？”那时的我们显然没有准备好，既尴尬又惊愕，饭桌上一片寂静。女儿自顾自地接着说：“你们俩肯定都有痔疮，你们总爱蹲在厕所里看书看报，半天不出来。”那时的我就意识到，我必须准备好，坦然淡然悠然自然超然地与女儿讨论所有私密话题。

这对我和先生来说并不容易。在少年、青年，乃至之前几十年的生命历程里，没有人和我们坦然淡然悠然自然超然地谈论私密话题。大人们因为不知或不能，一般选择避而不谈，如果不期而遇，就表情嫌恶、眼神闪躲、恶声恶气。于是羞于谈性便代代相传。

在我小的时候，多数家庭都没有独立的卫生间或浴室，去公共厕所和公共浴室是我难忘的经历。在众目睽睽之下裸露身体虽然尴尬，但也不得不从不适应到习以为常。参加工作后，当学校的外教老师强烈要求学校改造开放式厕所时，我表示了极大的理解和支持，参与推动了学校厕所的改造项目。有些不舒服需要通过理解去消解，所以在亲密关系中讨论私密话题没必要不舒服；有些不舒服不能通过理解去消解，所以可以通过改善设施来化解陌生人之间的尴尬和不适。尴尬和不适有的来自天性，但大多是后天教化的结果。

五六岁时，我在公共厕所和公共浴室遭遇过偷窥，在公共汽车上遇到过令人不舒服的身体触碰，在冷清的街头遭遇过成年男性故意暴露生殖器当众小便，甚至看到人群围观议论女性精神病患者的裸体，大声取笑两只狗交媾……

在公共厕所和公共浴室遭遇偷窥虽然让人紧张，但是因为不是一个人面对，有大婶大妈们理直气壮地处理，所以这是一种羞怯又刺激的经历。后遗症是我会非常害怕独自去公共厕所和公共浴室，这大概是大多数女性偏爱结伴去公共场所的原因，当然这可能是我毫无根据的臆测。

独自面对不舒服的触碰，因为不确定，除了羞恼、迷茫，还有极度的紧张、恐惧。那时的我不会和任何人说起这些经历，只是闪躲离开，虽然次数寥寥可数，也很清楚这是小概率事件，但却积累起越来越多对陌生异性的不信任和警惕。这让我之后花了许多力气才克服和消解。

在女儿小的时候，乘坐公共交通工具遇到人多拥挤时，我会带女儿与陌生的异性保持距离，但并不解释缘由。在亲子阅读中，透过这类主题的绘本，像《乳房的故事》《小威向前冲》等，我们坦然淡然悠然自然超然地谈论：我们有支配自己身体的权利，哪些是身体私密的部位，即便是非常熟悉的人，如果有令人感到不适的抚触也是要避免、拒绝的。离开或直接说“不可以”，作为女性这样做理所应当，只是表达自己的感受，不必为此感到羞愧和失措。

好女孩绝对不只是纯洁、温柔、忍让、善良。当遭遇侵犯时，女性不能毫无反抗意识和攻击性。女性不能妄想自己永远处于被保护状态，应该意识到，拒绝乃至反抗也是女性待人接物正常且必要的应对方式。

而在公共场所遭遇的裸露、交媾事件，我到如今还是感到有点儿尴尬，这也可能是我喜欢意大利作家伊塔洛·卡尔维诺的缘故。在他的自传《帕洛马尔》里，他用纯粹的好奇心观察描写两只乌龟交媾的过程，坦然悠然、兴味盎然，那一定是与我不同的文化教化的产物。但这毕竟是一个私密话题，不仅因为这类行为本身就很隐蔽，所以在判断上并不容易，而且面对此类事件，绝大多数人的思维习惯是责怪弱势的一方不懂得保护自己。这类事件带给公开谈论的人兴奋快感，让许多人忽略了受伤害者的感受。他们的询问、关心和同情令人十分不舒服，自己却没有意识到这些会让受害人感觉更加尴尬，更加受伤。

女儿经常向我说起，她班上的男生A和男生B时常高密度地公开交流与性有关的话题。她虽然会抱怨这种让人不适的“骚扰”，但又不愿意报告老师，觉得老师处理起来可能会用力太大，且治标不治本。确实，现实中存在一个老师并不了解且看不见的世界，它平行于老师日常看到、感受到、管控着的世界。女儿说她不愿意因此追打他们，或者装出一副受惊吓的样子，甚至发出几声尖叫，只要想想那个情形，身上就会起鸡皮疙瘩。“他们还没我懂得多呢，不懂还乱说。”女儿坦然地说。“他们以后懂了就不会这么口无遮拦了，多不好意思呀。”我接着女儿的话说道。“谁都有不懂事犯浑的时候。”这时，女儿像大人一样，反倒安慰起我来。

我接受女儿的泰然，不予理睬其实也是一种应对策略。我反复嘱咐女儿：“所有感到不适和受伤害的事情，都可以告诉妈妈，记得妈妈永远站在你这一边，妈妈在意你的感受，主张你保护自己身体的权利。”**说出来而不是沉默，不仅能增进理解，获得帮助支持，还能一起思考和讨论解决的办法。**

我的身体知识启蒙者是我的姐姐，她读小学的时候就给自己订了《家庭医生》，时不时给我讲些混着谬误的散碎知识，弄得我在羞于启齿之外多了不少紧张兮兮和神秘兮兮。等到十五六岁，一些关系非常亲密的室友说起这些的时候，大家都还是似懂非懂。先生的情况比我好不了多少，且他坚持认为在私密话题上，作为母亲的我对女儿应承担更多的责任，所以我经由伴随女儿成长得以重正三观，再经历一次成长。

我希望女儿和我们不一样。希望成年后的女儿永远像五六岁时那样，自在地和亲密的父母、朋友在安全的、恰当的关系内，谈论私密话题。比如坦然告诉我们和她的朋友们，来例假之前会有各种说不清、道不明的不痛快，来例假时会懒洋洋的，什么也不想做，而且智商也明显降低。

谈论什么牌子的卫生巾用起来更舒服，是否接受卫生棉条。谈论更喜欢拥抱还是亲吻，一周几次。讨论如何避孕对身体损害最少，最适合自己……

一天，我在北京出差，先生发短信给我，说女儿来例假了。虽然之前我跟女儿普及过基础知识，多次回应“全班只有两个人没有来例假，为什么其中就有我”“上体育课时，为什么只要女生说见习男生就会嬉笑”之类的感慨和困惑，我也无数次假想过该怎么面对，但很遗憾，当女儿这个重要的第一次发生时，我不在女儿的身边。

我赶紧打电话给先生，嘱咐他带女儿去买卫生巾，嘱咐他从容淡定地祝贺女儿成长，不要让女儿太尴尬。他后来发信息给我说：“我告诉她，我们家有三个大人了。”我把这句话算作过去十数年里他说得最像样的话，惊喜不已。他说他已经陪女儿去超市挑选了卫生巾，真好。虽然除了卫生巾广告以外，他对卫生巾一无所知，但他至少能像我在女儿第一颗乳牙掉落时拉着女儿祝贺一样，将女儿身体的变化看作成长，努力让女儿接受成长带来的变化并为之欢喜。

后来我到香港工作一年，其间，先生和我聊些琐事时说，女儿向他感叹，因为妈妈长期不在身边，例假周期越来越乱了。看来女儿还记得我曾经告诉她的，同寝室的女生的生理周期会渐渐趋同。女儿能如此自在自然地同她爹交流这个话题，我心甚慰。

我们都是自己身体的主人，但它在不断变化，我们往往需要用心和努力才能了解，并和它好好相处。

女儿曾经满嘴脏话而不自知，我因此解析了所有日常脏话的内涵，并进行了适当拓展——总结为与性器官有关的名词滥用和性关系混乱，“大姨妈”“小弟弟”“小三”“强奸”“猥亵”“遗精”……不是名词就是动词。之后女儿不再说脏话，还能将老师和同学无意间闹的笑话当作段子讲给我听。

难忘女儿六年级时那篇题为《难忘的第一次》的习作，她几乎是从头到尾边写边笑。我揉着太阳穴说：“乖，老师打死也不会想到你们满脑子都是第一次拥抱，第一次接吻，甚至第一次……”

当老师和父母认为孩子们什么都不懂的时候，他们已经开始私下交流避孕套有哪些其他的叫法，如何使用避孕套，哪个国家的人性欲最强，“捡肥皂”是什么意思，同性恋是错的吗……。有时我会在心里赞一声，这个问题问得太好了；有时则需要思考如何组织语言，怎样在简单而清晰表达的同时，归纳梳理背后的价值观念：

- 所有别称都有刻意隐晦的意思，类似暗号和密码，表示不能公开谈论，不想众所周知。这种文化禁忌，不能因为我们能做到开诚布公地谈论，而无视别人的感受，对象和分寸必须谨慎。

● 生育不能只是男女双方生理成熟了，都喜欢孩子就可以，生育意味着之后必须承担教养之责。就像我们都很喜欢狗狗，但我们的工作学习压力太大，如果仅凭喜欢就领养，会降低狗狗的生活质量，所以有时我们会因为爱而不养。避孕套和避孕药在人们没有准备好，不确定能带给孩子幸福的时候，提供了选择的可能，是文明和进步的表现。

● 不能抱任何侥幸心理，身体健康，性发育成熟的男性和女性发生性行为，就可能会排卵、受精，而体外射精并不能避孕。

● 使用避孕套是目前公认比较好的避孕方法。正确使用避孕套除了能避孕，还能防止性病传播，男女都应该学习使用。

● 越来越多的人同意同性恋不是一种精神疾病，不是一种道德上的欠缺。虽然他们是少数，但是作为多数的我们不可以心安理得地代替他们选择和判断。

● 在性和情的问题上，更多时候是人之常情，多些理解，不要总是拿对和错来作是非判断。

● 那些纯粹属于猎奇的问题，考究起来没有任何科学和事实作为支撑，玩笑而已，别当真。

但我又是非常谨慎的，反复提醒女儿**要尽力理解并尊重别人父母的观念和态度**，尊重差异和理解禁忌。卫生巾要放在专门的小袋子里，不要肆意摆放；衣裤上的经血要及时清洗干净；去别人家做客，要格外小心不把经血染在卧具上……。我总是既担心给女儿讲得太多，让她毫不在意，又担心自己讲得太过简略含混，让女儿觉得自己好像什么都知道但其实什么都不明白。个中分寸，哪里那么容易把握呢？

有位母亲连续几夜让读小学二年级的女儿站在墙边，不让女儿睡觉，因为她发现女儿有自慰行为。她认为如果仅仅口头教育一下，女儿不会改，于是就用了这种极端的做法来纠正她所认为的“恶行”。

得知此事，我特别心疼这个女孩子，赶紧让与这位妈妈关系密切的老师转告，研究发现最早的自慰行为发生在胎儿时期，就是小婴孩在妈妈肚子里的时候。虽然医学界已经就自慰不损伤身体达成了大范围的共识，但是我们这一代人对于自慰还有些认知和情感上的不接受，不过从医学的角度来讲，既然不再将之看作伤害自己身体的行为，也就不能再众口一词地将之作为道德问题和行为偏差对待。

自慰是私密话题中更为私密的内容，它甚至不适合在一些亲密关系中谈论，多数时候它是自慰者一个人完成的事情。自慰行为并不一定出现在性发育之时和性成熟之后，除了母腹里的小婴儿，一些低龄的孩子也会有意识地寻求身体的快感，当然，他们不知道这叫自慰，但是多数情况下有本能的紧张和愉悦感。没有宗教信仰背景的大人，从当下主流的医学研究结论考量，不能因为自己的无知或者情感上难以接受，就将之视为行为偏差、道德败坏来矫正，或者刻意强化孩子对自慰负有的罪恶感和羞耻感。

有自慰行为的孩子需要了解的是，被他人发现自慰可能会引起彼此不适，所以要非常注意保护隐私。要注意个人卫生，勤于清洁身体。如果觉得有困惑，可以在隐蔽的场所向专业医生求助。如果确信父母了解相关知识，并且对此持有比较开放的态度，那么也可以和父母讨论。

12 每个孩子都爱阅读

——孩子不喜欢阅读，怎么办？

彼德·卡纳沃斯的《爱书的孩子》是一本写给大人的童书，强调大人大声读书给孩子听，能够拉近人与人之间的距离，让大人与孩子相互亲近：

安格斯和露西有很多很多的书，后来这些书搬了出去，但是，接下来的事情都变了。因为没有书，他们的家，有很多空间，他们之间的距离，也变得很遥远。有一天下午，露西的书包里掉出来一本从图书馆借到的书，妈妈和爸爸打开它，爸爸大声地朗读第一个句子，接着读第二句。孩子们都靠过来，爸爸翻了一页又一页，并且一字一句地朗读着。第二天，这一家人打着哈欠互相说早安，他们比以前更亲近了。虽然眼睛还没有完全睁开，心中却是满满的幸福。

大家对阅读的重要性早已形成共识，几乎没有人会反对教育要着力于提高孩子的阅读兴趣和阅读能力这个观点。

安东尼·布朗在《我喜欢书》中为读者呈现了各种各

样有趣的书：胖的书，瘦的书，好笑的书，恐怖的书，可以唱的书，可以画的书……。对于读过很多有趣的书的人来说，他们会因之联想到一本又一本自己曾经读过的书——倒着读的《小蝙蝠德林》，与众不同的《花格子大象艾玛》，把想象力拉长再拉长的《100层房子》，有穿堂风吹过的《洞里洞外的小老鼠》……。这么多有趣的书，其实没有哪一本非读不可。遇到，读过，再读，时不时想起，留下一些各不相同却不会被轻易磨灭的记忆就可以了。

对于如何培养孩子的阅读习惯，如何提高孩子的阅读兴趣，我曾试着做过一个整体概览，大致可分为：

- 以斯蒂芬·克拉生的《阅读的力量》为代表的**自由自主阅读派**。主张鼓励孩子自由自主阅读，认为自由自主阅读是提高孩子阅读兴趣和阅读能力的最佳路径。
- 以艾登·钱伯斯的《打造儿童阅读环境》为代表的**积极带领派**。主张用各种方法激发孩子的阅读兴趣，帮助孩子养成阅读习惯，提高阅读能力。
- 以吉姆·崔利斯的《朗读手册》为代表的**朗读派**。主张大人要坚持大声读书给孩子听。
- 以苏珊·佩罗的《故事知道怎么办》为代表的**讲故事派**。如果再仔细划分，一部分是辅助认知派，倡导在各类学习中引入故事；另一部分是疗愈派，主张用讲故事来修复疗愈，解决儿童成长中的问题；还有一部分是口述历史派，主张用故事传承传统文化。

- 以松居直的《幸福的种子》和林美琴的《绘本有什么了不起》等为代表的**图画书推广派**。在内地十几年的快速发展中，图画书早已赢得了广阔的实践空间，从作品数量、质量和应用的多样性来说，最为可观。

对于用心教养孩子的大人而言，他们最难做到的却是看起来最简单的，即让孩子自由自主阅读。不过，大人在实践中若能依据孩子的兴趣和需要，将这几种主要方法混合使用，在我看来能更好地满足不同孩子的发展需求。

比如面对低龄的孩子，常用的是朗读派混合讲故事派的睡前阅读活动。

以我的女儿为例。女儿出生后，我们就开始了睡前阅读，最初我只是想形成一种生活习惯，用行动告诉女儿，读完书就该关灯睡觉了。后来，每天睡前 30 分钟的阅读成为我们有限的亲子交流时光中重要的一部分——随便聊聊阅读感受，提出疑问和简单解答，铺开来说说与此有关无关的生活中的人或事。即使在旅行中，女儿和我也习惯于各自带上正在读或想读的书，每晚睡前先读几页书再睡觉。没有强迫，那种安顿好身心的放松和愉悦是有阅读习惯的人所熟悉的。

我从不为孩子翻来覆去就喜欢听读同一本书感到烦恼。低龄孩子多数都很喜欢这样。在一些大人眼里，把同样的时间和精力用在重复的内容上是一种浪费，能读和能听更丰富多样的内容多好哇，多学一点儿多好哇，于是一门心思地引导和干预。其实，对于低龄的孩子而言，虽然书是同一本，故事是同一个，但每次听故事的心情和感受是不一样的，他们能在每次听读中有完全不同的发现和感悟，这对于发展孩子的专注力是极好的。此外，在相同的书和故事里，他们能获得一种可掌控的确定感和安全感，这令他们感觉非常舒服。

女儿 10 岁时，我和她行走在美国东西海岸，在近 20 天的旅程中，随身带着四季的换洗衣物就挺沉的，女儿还坚持带了《蓝色的海豚岛》和《呼兰河传》，书中关于土著居民和故乡的内容，与整个行程中我们不断聊到的美国印第安人的过去与现状可谓遥相呼应，细想颇有意味。回家后，她边倒时差边读《我们台湾这些年》，了解台湾人眼中的台湾，有心为当年 9 月的台湾之行做准备。除了纸质书，女儿每次出行还会带电子书，里面下载有各国童话和民间故事。童话和民间故事是女儿整个小学阶段持续最久的阅读专题，她一读再读。

在女儿能独立阅读之后，我给她读书的时间越来越少，我当然知道陪女儿读书是非常重要的事业，但是我的工作实在太累，安顿我疲惫的身心也需要很多时间。这也是我的教子原则——不要满腹牢骚，带着厌烦的情绪与孩子相处，累了就找个替代方式，彼此舒服第一。作为替代，起初我给女儿买了一个外放的MP3，类似于我小时候用的半导体收音机，下载语音书让她睡前听书。她也非常喜欢，除了睡前听一听，洗澡的时候，吃饭的时候，上学或放学路上也会偶尔听一听。《华夏神话》《三十六计》《话说中国》是女儿喜欢的语音书，而历史书的阅读正是她所欠缺的，恰好可以在听书中补足。

研究发现，大人为孩子读书比孩子自己听机械声音要好。我也纠结过，权衡利弊后，我还是由着自己的性子，不想读的时候就不勉强自己。因为女儿喜欢的是那种促膝读书的亲昵、温暖氛围，我读什么她都挺开心，于是我有心地读一些她不会主动选择的、生活中也很少接触的内容，比如连续读完佛经故事、圣经故事和古兰经故事。女儿问："为什么都有与大洪水有关的故事？"我连夸她"善于寻找关联"，给她简要介绍三大宗教及其起源，其间女儿不断追问各种"为什么"，她也常打断我并反复强调："除了相信圣诞老人，其他我都不信。"每当此时，我也不说服她，散碎地说到哪里就是哪里。

2015年1月，寒假开始的第一晚，我大方地对正在睡前阅读的女儿说："今天可以晚睡，明天可以赖床，睡前给你读书。"女儿头都不抬，斩钉截铁地说："不用，我自己看。"这是女儿第一次拒绝我为她读书。以前给父母们做阅读指导，有妈妈苦恼地问："睡前给孩子读书得读到什么时候才到头儿？"我引经据典，然后告诉她："12岁左右，青春期到来，孩子会主动放开父母的手，与我们渐行渐远。”那晚我怔了半晌，猛然意识到女儿已经快 12 岁了。

其实，自由自主阅读派从来没有他们自己所认为的那么自由自主。

我经常被问到两个问题。其一，孩子只爱看漫画书，不爱读文字量大的书，这样也让他自由自主阅读吗？其二，孩子读书不求甚解，读完一问三不知，这样阅读有用吗？我会用研究结果说明——一直通过看漫画学会的词汇比看电视学会的词汇要丰富；一直酷爱看漫画的孩子，慢慢也会爱看别的书。自由自主阅读的时间越长效果越明显，自由自主阅读的孩子在词语积累、语法掌握、语义语境的理解能力和写作能力上，并不比对照组的孩子差。没有数据显示这样“散漫”地读，会比传统的提问、读后立即考查等方法学得少、能力差，至少是同等水平，在阅读兴趣的提高上，自由自主阅读有巨大优势。

我自己的阅读史就是非常自由自主的，儿时父母的批评质疑只是让我的一部分阅读转入地下罢了，爱读什么就读什么让我始终保持着阅读的兴趣和习惯。可轮到自己做母亲时，我才发现真正做到让孩子自由自主阅读不是一件容易的事情。更多时候是不确定地在阅读能力和阅读兴趣之间反复求取平衡。我稍加干预会担心折损她的阅读兴趣，任她随波逐流又担心过于通俗流行的阅读会导致她被洗脑且无可逆转。

还记得女儿读幼儿园中班时，女儿因伙伴带动，让我买《虹猫蓝兔七侠传》读给她听，虽然我顺着她的意思买了书，但心里却是反对的，并消极地对待了让我读给她听的要求。

小学低、中年级，女儿以绘本阅读为主，作为购书狂人，凡新出绘本，我就立即买回家。现在家里有一个绘本专柜，门类齐全，有着小型绘本馆的藏书量。《你很快会长高的》《鼠小弟和鼠小妹》《快乐鸟的许诺》《活了一百万次的猫》《花婆婆》《云朵面包》《小蝙蝠德林》《图书馆狮子》《是谁嗯嗯在我头上》《蚯蚓的日记》《今天运气怎么这么好》《彩虹色的花》《爷爷一定有办法》《大脚丫跳芭蕾》……这些绘本带给我们很多美好时光。

到了小学高年级，为了让女儿阅读更多的英文原版绘本，更加自主自由地选书，我办了绘本馆的年卡，由她自己在网上选书，有专人提供送书上门服务。一天，她借回台湾版的《绯红树》，让我惊艳不已，我立即将之纳入我最喜欢的绘本序列，她却表示看不大懂。我笑着说："你最大的幸运就是过得太幸福，你最大的不幸运也是过得太幸福。"对于从没有陷入伤痛、沮丧、虚无、自我怀疑的人们而言，"绯红树"只能隐蔽在一片葳蕤中不能觉知。

女儿 10 岁之前，我和女儿在阅读内容上几乎没有任何分歧，我读给她听或者她自己读，都是有趣的、优美的、善良的……。因为我偏好博物学，所以常常带着女儿去观鸟、辨认身边的植物，女儿一不小心就成了同学眼中的花鸟鱼虫专家。女儿对《昆虫记》兴趣不大，更偏爱《山居鸟日记》。我则喜欢日本作家特有的小心思、小趣味，像石井象二郎的《我的科学研究》，梅特林克的《蜜蜂的生活》，以及《追逐阳光之岛》《万物有灵且美》《所罗门王的指环》等。读到有趣的地方，我就分享给她。她从《世界上最脏最脏的科学书》开始，横扫与身体有关的科普类读物。

随着年龄增长，女儿的旁逸斜出越来越多，在读什么书的问题上，我俩的分歧自然越来越大。像《幻想数学大战》《查理九世》这类在我看来简直一无是处的书，却备受她的青睐，女儿巴巴地求我买而不得，便和小伙伴们互相借阅，一本不落地追着看。到了五年级，全班一起迷上玄幻，女儿便天天惦记着唐家三少有没有更新《斗罗大陆》。后来她沉迷于以杨红樱为代表的校园儿童小说时，罔顾我“读一百本等于读一本”的评价，她一面回应“真的很好看”，一面把书店整面墙的作品悉数读完，然后说：“嗯，我看够了，确实是读一百本等于读一本。”为了这些在我看来乏善可陈的书，她在书店里一站就是几个小时，废寝忘食，这些书的语言风格是女儿和她的伙伴们私下秘密写作的表述方式，这些书是他们最喜欢阅读也是他们最愿意模仿的对象。而我除了开车送她去书店以外，只能默默叹息，一再地对自己说，你也是读武侠长大的，不要鄙视通俗的流行文字。

女儿在书店的阅读是从翻阅各种笑话集锦开始的，整个小学阶段她都特别偏好各种轻佻搞笑的东西，比如“嘻哈农场”系列，一群动物无厘头地搞怪，她每次读都嘎嘎大笑，弄得我莫名其妙。《幽默大师》女儿每期必看，拿到新出的《读者》《意林》《青年文摘》就激动万分，和我们当年一样，直奔笑话漫画那两个页码，边看边笑得满地打滚儿。爱看笑话的人的后遗症是爱时时刻刻拉人分享，她乐于给所有人讲笑话，不分场合，不惜强人所难。以至于我和先生一听到女儿说“给你们讲个笑话吧”，就相顾无言、一脸苦笑。

鸡汤系列的书也曾是女儿所好，《小故事大智慧》《时文选粹》之类都是当年我编写教材时买的参考资料，她翻找出来反复地读，我总是趁着整理书柜把它们反复发配到书橱边缘的地带。其实，当年应主编的要求我还买了不少周国平、刘墉、毕淑敏和余秋雨的书，因为藏得深，没有被她找出来。我有时也悄悄劝自己，投其所好地拿出来吧，如果她不能超越鸡汤期，干脆就让她喝到腻烦直至免疫。可我还是做不到，只把高考阅读选文者偏爱的刘亮程、王开岭的书推荐给她，女儿懒散地翻翻，说句“还行吧”，就扔到一边儿去了。我比较喜欢王尚文等主编的《新语文读本》、方卫平编选的《最佳儿童文学读本》、严凌君主编的《青春读书课》、安房直子系列、西顿动物园系列等，看到女儿也非常喜欢地拿来一读再读，我特别欣慰，拉着她感叹半天。

我也很喜欢大奖小说系列、彩乌鸦系列等儿童小说，我以一天一本的速度读了个遍，书柜中也是乌泱泱的一排又一排，但女儿只挑了其中寥寥数本，大多还是老师寒、暑假指定要求阅读的。二年级的时候，女儿在学校课堂上看了半本《夏洛的网》，回来又花了几天时间读完了整本书。我永远记得她倚靠在沙发上哽噎沉静的样子，一生中总要有被一本书深深打动的经历，我只是意外她的这种经历竟出现得这么早。现在的她把感动落泪看作非常难为情的事情，经常有力地向我宣称："我才不会轻易流泪呢！"

一套《儿童的文学世界》在女儿的书柜里待了差不多四年了，购买之初我大致翻过，女儿则是直接无视它们。直到三四年后，她突然开始一本本仔细翻看，进而在书柜里寻找那些买来后一直沉睡的其他书籍，重新阅读已经阅读过的儿童文学作品，甚至开列书单要求购入新书。对照这类索引书，她目的性很强地在书店里挑书，每次找到都像中奖一样喜不自胜。

记得某天女儿找出同一本书的两个不同版本，惊奇地指给我看，然后选择其中一本埋头读起来。我则简单地说了说版本差别，数了数几家颇有口碑的出版社，列举了几个我喜爱的译者、作者。女儿说："'猫头鹰王国'系列1—3的译者和'哈利·波特'系列的译者就是同一个人。"

我激动地赶紧附和："是呀是呀，他的译文很好，译者和作者一样，当你读出他的好时，以后在图书封面上看到他的名字就想买来看，因为品质有保证啊！"

女儿 10 岁之后，随着自我意志的发展，她只接受我少量的推荐，比如她忙着写自己第一本诗集那会儿，就又主动让我推荐各种诗集。迷恋烘焙那会儿，接受了我推荐的《厨房里的人类学家》。我忙着写专栏文章那会儿，她找到《死亡的脸：外科医生手记》，读得不肯按时关灯睡觉。她立下雄心壮志，要去读最难读的书，结果选的竟是《改变心理学的 40 项研究》。

有时我也会被女儿带动而转变态度。比如女儿曾非常喜欢"不一样的卡梅拉"系列，我颇不以为然，对一干经典胡乱编纂，这样也可以？后来我真是被女儿持续的热爱所影响，爱屋及乌，且作为文学艺术作品的简易导读吧。发展到后来，我会主动给我班上的孩子们看卡梅拉系列动画短片，休闲娱乐加普及一点儿人文知识。

如果大人不再执着于教导什么道理、学会什么知识，不强迫孩子听完故事复述、回答问题，不强求听什么经典，而认为阅读纯粹就是其乐融融地共处，保持彼此的好心情，这个不喜欢就听那个，不了了之也可以，那么，阅读就真正达到了自由自主的境界。如果孩子愿意，朗读的内容和形式都尽可能多样一点儿，这也是了解孩子偏好的机会，看看孩子特别喜欢什么类型的故事，喜欢什么样的阅读方式。他们可以爬来爬去，可以不停打断，绕上一大圈回来或者不回来都没有关系，我们要的从来不只是阅读和写作能力的提高，不只是应付三千多天或者四千多天之后的高考，虽然据说语文卷面分数可能要提高到200分。

愿意让孩子自由自主阅读的背后，是相信每个孩子都热爱阅读，而有些孩子之所以看起来不爱看书，是因为他们不能随手拿到自己喜欢的书。

我和女儿在同一所学校，一同上学、放学。我喜欢入得门来在各自的流水线上各自忙碌，我工作，她学习，我只做好一个单纯的角色——妈妈。当得知女儿的班主任计划怀孕时，为了方便及时提供一些力所能及的帮助，我申请执教女儿所在的班级。在班主任安排暂时无着的日子里，我和家长们讨论解决一些学生成长中的问题；在班上缺乏老师值守的时候，我悄悄顶上，维持班级的稳定和秩序。我打算待到一切安定之后离开，但离开之前，我主动请缨，发起“建设一座一流的班级图书馆”的项目，并保持运转到孩子们小学毕业。

除了时间、力气，班级图书馆项目还需要费用。之前我曾零碎地个人出资为班级添了一个大书架，购置了大奖小说系列和整套小牛顿科学馆放在班上供孩子们自由自主阅读。但随着孩子们年龄的增长，需要提供更为丰富博杂的书籍，让孩子们能随手拿到好书，仅凭一人之力大量投入金钱，会给班主任和部分家长造成心理上的压力，甚至带来微妙的变化，影响家长之间的关系、学生之间的关系，以及师生关系。于是，经过仔细规划，我和班主任筹办了专题家长会，详细介绍方案，发放问卷征求意见和建议，统计分析并反馈信息，将之作为一个项目运作起来。

班级图书馆项目运作之前和运作之中我反复强调，**读书不仅仅是为了长知识，其交流情感、改善亲子关系和师生关系的作用应得到足够重视。选择这个项目，初衷绝不仅仅是提高阅读兴趣和能力，提高写作能力和水平，同时兼有改善师生关系、亲子关系的追求。**

针对孩子们在校时间长，学习步调统一导致的学习效率低下等问题，我和所有任课教师达成共识，明确如果孩子们当堂完成学习任务，就可以立即获得自由自主阅读的机会——不经过老师允许在教室里走动，去书架取书、换书。我尽力与学校协商，允许我引导孩子们自由自主地选择午休方式，允许孩子们依据自己的情况选择午睡或自由自主阅读。事实证明，只要给孩子更多自由自主的空间，把更多的好书放到孩子面前，没有孩子不热爱阅读。允许孩子们在课堂上完成学习任务后，在不打扰他人的前提下，自由地在教室里走动着借书、还书，不仅不会影响课堂秩序，干扰教育教学活动，还能解决原来教师控制、强制过多造成的学生学习倦怠、缺乏内在学习动力的问题。

很多父母和我一样，为孩子爱读通俗、流行读物而烦恼。我坦率地分享了自己的感受和心得，说服他们和我一起努力克制自己的控制欲，不过度地把自己的兴趣偏好强加给孩子。我通过大量观察告诉家长，班上同学的阅读水平确实参差不齐，有五六位同学的阅读目标是提高阅读兴趣，多数同学处于从儿童文学、自然科学逐步扩大阅读视野，进而开始第二语言阅读起步的阶段。极个别同学已经读到历史类，甚至达到初一、初二年级学生的平均水平，很厉害了。阅读分级在国外非常普遍，国内的家长对这类知识所知甚少，我们能做的就是**不强求孩子超前阅读最难的书——名著经典，不盲目追求阅读的难度和数量，不要太过急切地用艰深的阅读打击伤害孩子的阅读兴趣。**

班级图书馆项目运行快三年了，非常庆幸三年来我们在网络上用极低的折扣购买到大量的优质图书，让每学期人均 50 元的项目资金换来了许多极佳的阅读体验。班级是孩子们共同生活学习的地方，因为同伴带动，孩子们对一些原本不喜欢的书突然青睐有加。作为班级图书馆项目的发起人，我有意识地让书的门类更丰富，以便适应不同阅读能力的孩子的阅读兴趣和阅读水平。同时，项目还丰富了教师和父母对孩子的认识与理解，帮助教师、父母、孩子重建相互支持和信任的关系，使师生关系、亲子关系由单向管制逐步过渡到双向协商，通过改善师生关系、亲子关系帮助孩子们更好地完成社会性发展。

先生曾与我开玩笑："你爱读书，我爱打麻将，你觉得读书就比打麻将高尚吗？"我觉得这个问题非常有趣。作为兴趣爱好来说，爱读书和爱打麻将没有不同，我们各自从中获得了许多愉快的体验。但是我一再提醒自己，作为一种生活方式，作为兴趣爱好的阅读与单纯获取知识、技能的功利性阅读是不同的。我期待女儿成为一个爱读书，把读书作为一种生活方式的人，永远对这个世界未知的部分保持好奇和热情。

13

孩子不会为了学习去玩耍，然而学习会在玩耍中自然发生

——孩子贪玩、不爱学习，怎么办？

在洁米·李·柯蒂斯创作的童书《一定要比赛吗？》中，他用最贴近现实生活的话题、幽默而深刻的文字与图画，带领大人和孩子一起探寻人生的价值：

真的是所有人都在比赛吗？

是不是从我出生起就开始比赛？

大家会不会为了争第一，就你推我挤？

如果比赛不公平，我还能不能赢？

是不是有的人赢？有的人输？赢还是输，我能不能自己做主？

我为什么要参加比赛？能赢来什么奖品？

…………

有时候，不跑那么快也许更好，落在最后，反而能发现风景的美妙。

难道不是尽全力就好？难道这不比跑赢所有人都重要？

当你跑到终点回头看，想想一路上帮助过的人，

这样来判断自己有没有赢，是不是更聪明？

在《一定要比赛吗？》这本童书中，小男孩一连串关于“比赛”的提问，正是现代社会每个人都会面临的课题——竞争。如果竞争是人生的必经之路，何谓真正的赢家？书中最后给出了答案，告诉我们要懂得享受人生，找到自己，帮助别人，输赢并不重要。可是，大人一直在逼迫孩子去比赛，时时刻刻都要求孩子学习，结果孩子陷入了疲惫与不安中，失去了快乐。其实，从小培养孩子竞争意识无可厚非，但是一定要比赛吗？或许我们可以借鉴一下国外的做法。

全球化的竞争越来越激烈，而北欧的教育却仍然坚持降低学习者之间的竞争。高投入、轻负担、高质量的教育究竟是怎样的？为了解开困扰我已久的疑惑，2018 年 10 月，我专门赴丹麦安徒生国际幼儿师范学院学习。

最初，我有点儿怀疑摩根校长邀请导师时的个人倾向，与我们打交道的每一位导师，从前政府官员、作家、体育明星、教师、校董、学校及幼儿园负责人、教育机构负责人到热心市民，在谈及对孩子的教育时，都在一遍遍向我们强调玩的重要性。连定居丹麦上进心极强、不愿虚度一日的宇峰，都是一边担心两个儿子的未来竞争力，一边反复重申“孩子就是要多玩”。在香港接受基础教育的前丹麦王妃文雅丽也曾纠结过孩子的玩，但两个儿子的成长令她确定，“不教什么，整天玩”的丹麦教育比“赢在射精前”的香港教育更有益于人的全面发展。

宇峰多次告诉我，丹麦已经通过立法禁止幼儿园教授知识，而我对是否通过立法禁止幼儿园教授知识颇不以为然。美国当代著名法学家哈罗德·J. 伯尔曼在《法律与宗教》里说，“法律必须被信仰，否则它将形同虚设”。从某种意义上来说，只有基于广泛共识的立法，才能保障法律的公信力。如果只是管理者一厢情愿地反复声明，甚至强行立法，而没有推动并形成广泛的社会共识，那么法律条文必然是一纸空文。

在丹麦，全社会对玩的价值有着惊人的高度共识。下面我们来看看克雷蒙幼儿园的日常时间安排（见表 4）。

表 4　克雷蒙幼儿园的日常时间安排

<table>
<tr><th>时间</th><th>项目</th><th>说明</th></tr>
<tr><td>6:30—7:30</td><td>在厨房区共享早餐</td><td rowspan="3">父母通常在 6:30—9:00 送孩子到幼儿园，8:00 开园之前，由一位教师轮值，并没有增加教师太多的负担。而弹性的入园时间，满足了不同家庭的不同需求</td></tr>
<tr><td>8:00</td><td>开园</td></tr>
<tr><td>8:00—9:00</td><td>孩子到达高峰</td></tr>
<tr><td>9:00—10:30</td><td>计划好的活动</td><td>例如剧场演出游戏等</td></tr>
<tr><td>10:30—11:00</td><td>集合</td><td>教师和孩子们一起聊天，关于做过的活动或者计划将要做的活动</td></tr>
<tr><td>11:00—11:30</td><td>午餐</td><td></td></tr>
<tr><td>11:30—13:30</td><td>户外游乐区自由玩耍</td><td></td></tr>
<tr><td>13:30—14:00</td><td>下午茶</td><td>如果天气允许，继续户外玩耍</td></tr>
<tr><td>14:00—15:30</td><td>自由玩耍</td><td></td></tr>
<tr><td>15:30</td><td>结束</td><td>未离园的孩子集中在公共区域，例如厨房或者地下活动室</td></tr>
<tr><td>16:45</td><td>幼儿园正式闭园</td><td>父母通常在 15:00 后接孩子</td></tr>
</table>

这张时间表非常具有代表性，丹麦所有幼儿园和小学的入园、入校和闭园、离校的时间都有弹性，计划中的项目在时间和空间的转换上也非常自然和灵活，能够满足不同家庭的不同需求，能够让不同节奏的孩子都有足够的时间慢慢把事情做完做好，教师从不催促孩子“快一点儿”。

无论是幼儿园还是小学，孩子们都有大量自由玩耍的时间。在幼儿园，计划好的集中活动很少，而且集中活动也不以教授知识和技能为目标，不开展整齐划一的教学。比如我看到在一个大空间里，一位教师坐在沙发上读绘本，一个孩子爬进他怀里，两个孩子分别坐在两边，挽着他的胳膊，倚靠着他的肩膀，这就是阅读活动。其间，孩子们来去自由，老师并不在意，也没有任何召唤劝服。旁边的另一位教师和几个孩子围坐在小桌前玩桌游，另一个区间有两三个孩子趴在地毯上玩模型，没有教师照看他们。这种缺乏控制感的集中活动，让孩子们有很大的自主权选择做什么、和谁一起做，不依赖高频次的表扬和批评、奖励和惩罚来完成教师的既定计划。就算到了小学，每天上午也只有四节课，学得少且简单，回家也没有任何书面作业，孩子们仍然有大量的时间自由玩耍。

所有的导师都在向我强调，**“没有不合适的天气，只有不合适的衣服”**，即使北欧的冬季漫长寒冷，孩子们仍然坚持每天至少两个小时的室外活动时间，连不到 1 岁的站立都摇摇晃晃的小小孩儿也被老师抱出去玩儿。每所幼儿园和小学都给每个孩子一个专门的柜子，用于悬挂、存放孩子们的室内外服装、鞋子。孩子们从幼儿园开始，就逐渐尝试独立实现室内外活动的转换。

儿童教育中心联合创始人埃里克·M. 纳尔逊在《以儿童为中心的学习环境的设计与实施——室外课堂》一书中指出，**在非结构化的游戏中，儿童只需要满足他们自己。他们可以一次又一次地尝试一件事，直到令自己和伙伴们满意为止。他们不会被强迫去和他人竞争，或者被按照成人的标准衡量。他们在感到适合的时候，自然会加入进去。他们在游戏时往往是从一个情节或者兴奋点转向下一个，中间无缝连接。游戏反映的是儿童专注力和好奇心的自然节律，是儿童在成人的悉心呵护下，重新掌控自己的活动，开始对自己的学习和成长负责任。游戏是以儿童为中心的学习，儿童在室外待的时间有多长，往往意味着他们的自由程度有多高。**从这个意义上来说，丹麦是自由学习的国度，如果你觉得这种“不教什么，整天玩”算得上是学习的话。

我的导师 Lisa 专门给我们立了个提示牌：“**孩子不会为了学习去玩耍，然而学习会在玩耍中自然发生。**”那么问题来了，我们不相信这种价值观！非结构化的游戏不就是自由玩耍吗？而玩真的是在学习吗？这不就是放任自流吗？这样效率低下的教育，教育和教师的价值如何体现？

来看看丹麦同行列举的玩的教育学价值：

- 快乐
- 释放
- 安全感
- 身体感知
- 空间感知
- 交流沟通
- 思考
- 自我克制
- 质疑权威
- 失望情绪
- 大运动技能
- 精细运动能力
- 注意力
- 专注力
- 计划性
- 概念化
- 创造力
- 想象力
- 灵活力
- 问题解决
- 语言
- 独立性
- 同理心
- 性别角色
- 身份认同
- 友谊
- 周到
- 朴素（自然）

……

在去丹麦学习之前，我会尝试用调查问卷的数据说服同行。在对师范生、新入职教师、任职三年左右的教师，以及任职十年左右的教师进行问卷调查后发现，在教师专业发展活动中，教师们最喜欢的学习方式都是课堂小游戏和听故事。我问同行们，从未来的教师到富有经验的教师，作为成人的我们都喜欢在各种游戏活动和故事中学习，为什么我们设计的学习活动却鲜有或者从不给孩子们充分玩耍的时间和机会呢?

从丹麦学完回国之后，我在专业发展活动中请同行们列举玩的价值，高居前列的是放松和快乐，偶尔会提到发展身体的运动能力、专注力、社会交往能力。当我将导师 Lisa 的分享与列举的领域（语言、思维、运动、艺术等）

固定的学习活动的教育学价值进行对照，大家都很惊讶，玩居然最能够促进儿童全面协调发展，甚至可以算得上是包治百病。好吧，我们还是不信导师 Lisa 给出的玩的价值！我们始终把玩耍仅当作学习之外的放松、休闲活动，“业精于勤荒于嬉”，整天玩哪儿能学到东西？

我问 Lisa 的助手，即我的另一位导师 Edith，在成人绝对的控制和儿童绝对的自由两个极点之间，丹麦教育实践的定位在哪里？我心里揣度的是，他们是否意识到“整天玩，不教什么”正在不断接近绝对的自由那一极？而绝对的自由等于拒绝教育。

Edith 的回答让我十分意外，她说在中间。她强调，丹麦的同行们一直在努力达成一种平衡，虽然教师坚持让儿童成为主动的学习者，但也非常强调教师的带领之于教与学的重要性——用自己的技巧支持儿童发挥他们的潜能，让儿童需要的时候总是可以得到帮助。Edith 说，在儿童与成人的关系中，**成人具有定义权，成人对关系的质量负有完全责任。**

Edith 从学理层面解释了为什么要让儿童多玩，因为在玩耍中儿童能够获得认知、社会性、情感、感觉运动、身体五个方面全面而均衡的发展（见图 2）。这五个方面相互作用，比如人的社会性发展与情感发展是相互促进的，认知发展是发展人的脑部，脑部支配身体的反应和行为。

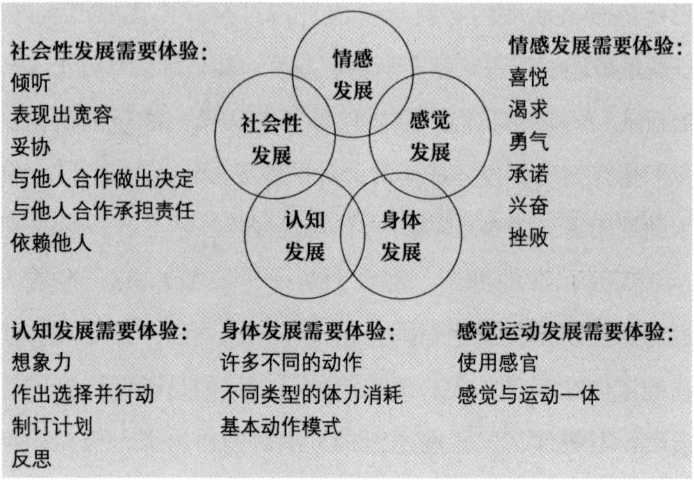

图 2　儿童发展的整体图景

Edith 会在每天的课前、课中带领我们在室内或者室外进行长时间的游戏、运动，她是有计划的，比如让我们通过晨圈活动彼此熟悉，更加亲密，比如茶歇的时候带我们去室外玩运动量大的游戏，让我们伴着歌谣步行、跑动、跳跃，模仿她做出许多不同的动作，发起学员之间的各种合作，让学员自己创造肢体语言来展现自我，让学员自己做游戏自由玩耍。

但我也发现，Edith 在依据我们的状况不断改变原来的计划，她即兴创造新玩法，让我们之间不是简单的她发布指令我们去执行的被动关系，而是有许多情绪和身体反应来回流动交换的互动关系。她的头脑和身体非常灵活协调，很有力量也很有感染力，能很快地帮助我们从僵硬、笨拙、尴尬中解放出来。当然，我们内心有与她合作的愿望，始终尽力按照她提出的要求去做。

我们在和 Edith 一起游戏运动的过程中体会儿童发展的整体图景中五个方面的均衡发展，回到教室里，用回圈发言的方式对照着儿童发展的整体图景，谈自己的体验和感受，为什么玩能够促进儿童全面均衡发展。我觉得 Edith 的儿童发展全景图，应该是 Photoshop 中图层的意思，不是五个相连的圈儿，而是五个图层相互重叠，展现出完全的人，如果每个图层的透明度、色调的纯度不一样，那么最终呈现的颜色也是完全不同的。

对于陪伴孩子的大人而言，基于学理的辨析、体验、理解、交流带来观念与实践的协调稳定。“不学什么，整天玩”在大人的谨慎介入背后，有教育专业知识作为支撑。教师有稳定的价值观、有目标愿景。理想状态下，教师不是放任和怠惰，而是充分利用环境和资源做好活动计划后，在活动中始终保持对孩子们的高度关注，持续对儿童的表现进行观察、思考和记录。自始至终，教师不是评估孩子学了多少知识，而是评估孩子如何学习。

我有一个发现，丹麦人几乎不会对孩子说“你是对的”或者“你错了”，而是常常说“我听到了”，或者“我会想想”。他们的反应慢和寡言少语，相比大多数国人在处理孩子问题时的迅速反应、滔滔不绝，显得谨慎甚至“消极”，因为他们看重的本就不是回应的速度和数量，而是良好的关系，需要更多观察、理解和记录。

丹麦教师和孩子们在一起时，总是试图把自己放在对方的位置，学习移情和接纳，同时也关注自己的感受，承认差异。在这个过程中，不论教师是否用语言直接提出要求，孩子们都能够明白什么是令人期待的行为，但做什么和怎么做的选择权还是在孩子们身上。教师让孩子们自己去探索和设定边界，教师的谨慎和克制是为了让双方都感觉到舒适，享受安全感和被信任。

我们常常开玩笑说，在国外长大的孩子，大多长着一张没有被人欺负过的脸，待人处事很放松、很自在。像我的丹麦导师们，虽然他们性格气质迥异，但是在带领我们一起做事的时候都毫不拘谨、从容自然。以前我们习惯称之为自信，认为是某种教育的结果，现在我不这么看，因为这是从小到大，大人鼓励孩子自然自在展现自我的结果。

反观我们在活动中的体验和感受，总是显得被动，各种尴尬、忐忑、不自在，总是觉得自己做得不好，说得不对。为什么会这样呢？是不是因为我们从小到大总是被催促？总是身处家人、师友各种绵绵不绝的好意规劝、指正中？总是在各种比来比去中反复证明自己还不够努力、不够优秀？因为经年累月地缺乏人与人之间的边界感，我们被大人和同伴不断侵犯并破坏自我价值感，而导致缺乏安全感，我们的生命底色渐渐都成了各种自我感觉不好，在人面前容易退缩、局促、紧张。

我多次应邀分享在丹麦的教育观察及个人感受，落得不少埋怨，既有人认为我用“不学什么，整天玩”贬低丹麦教育的价值，也有人认为在儿童关爱方面我对丹麦教育的描述溢美之词太多。

其实，丹麦社会有着高度共识，相信自由玩耍之于儿童全面均衡发展的价值和意义，但并不表示他们的幼儿园和小学没有集中的学习活动和学习目标。幼儿园会依据对这个年龄段儿童需求的教育学理解作出安排，只不过集中活动的时间比较少罢了，他们称之为**不完全计划**，即便到了小学阶段，集中活动的时间也不太多。

丹麦的幼儿园有充分的自主权安排自己的日常活动，只要遵守法律，并围绕这六大领域开展实践活动即可：

- 各个方面的个人发展。在自由游戏中，孩子们的想象力和思维在他们创造新故事的同时不断发展，孩子们学会处理差异和分歧。

- 社交能力和包容性。参与歌曲或者童话主题的共同群体活动可以引导孩子关注社会中的社区群体，着眼于解决冲突和民主程序，这有助于促进社会包容，让孩子们在平等参与社群活动时学习社会交往与合作。

- 语言发展。大声朗读、唱歌和讲故事会加强孩子的语言发展，童话故事中的角色扮演，自己创造故事中的台词，使古老的童话故事也能变为一个有趣的方式，实现语言发展的目的。

● 身体和运动。当穿着演出服装时，跳跃、旋转和平衡等运动训练很快成为一个游戏。运动技能可以促进儿童的自尊、注意力发展和身体健康。

● 自然和自然现象。谈论大自然，了解动物的行为，它们如何看待世界，它们住在哪里，它们吃什么，它们是如何运动的，等等。这些有助于培养儿童对大自然的好奇心，并培养对大自然的责任感。

● 文化表现形式和价值。童话和歌曲，让孩子们以更加有趣的方式去了解文化的表现形式和价值。

从丹麦同行追求平衡的教育观，幼儿园和学校的不完全计划，以及教师对孩子活动介入的谨慎克制的视角，重新审视我们对低龄孩子的教育，我发现我们对低龄孩子活动的过度设计、过度控制和不当干预特别让人触目惊心。

我们计划好了孩子在学校的全部活动，让孩子每时每刻都处于教师的目光之中。因为我们不相信，孩子自由自在地玩耍比整天跟着老师学习，在语言、思维、艺术、运动等方面能获得更好的发展。我们认为孩子一离开大人的视线就会出事，教师就得为此承担不可推卸的安全责任。

当我们认为有很多很重要的知识技能要教给孩子，当我们在知识技能的掌握上有很强的企图心，当我们一心追求更高效的教学而缺乏反省，当我们竭力保证孩子在学校

100% 的安全时，我们就不敢也不愿把做什么和怎么做的选择权交给孩子。我们认为孩子越小越不知道什么是好的，什么是有益于自己的，必须由大人来判断选择，必须由大人为孩子提供全方位的监护。这时候，我们想解决的永远是“孩子不爱学习怎么办”“孩子不听我的怎么办”，因为我们需要孩子配合，以顺利完成既定的教学计划，以保证孩子永远处于安全的环境中。

为了赢得孩子的合作，我们用得最习惯、最顺手的，当然是更多的外部刺激，以此来提高孩子对我们提出的目标任务的关注度和参与度。我们不断表扬、奖励、批评、惩罚学生，通过强化物塑造和矫正儿童行为，却忽略了奖励和惩罚的滥用，这可能不仅不利于孩子良好自我意识的形成、道德的发展，还会破坏彼此的关系，提供利益交换、强力乃至暴力解决问题的不良示范。

学习和玩耍对于低龄儿童来说最好是同一件事。面对孩子的各种学习问题和行为问题，很多时候我的诊断是一样的：我们的孩子太缺乏自由自主玩耍的时间。因此，我开出的“药方”常常也是一模一样的：给予我们的孩子更多自由自主玩耍的时间，让他们在自由自主地玩耍中学习。

14 内向孩子的潜在优势

——孩子性格内向，怎么办？

这是菲利普·韦希特尔创作的《我》中一只人生楷模熊的心灵独白：

我喜欢自己。

我热爱生活，凡事自有主张。

我走自己的路。

我真了不起。

我注重仪表。

我好帅气！

我喜欢小生灵。

当然，也喜欢大生灵。

我善用多种语言。

世界上的大都会都是我的家。

我喜欢得到惊喜……

每种娱乐我都想拥有。

我非常勇敢。

面对生命的挑战，我无所畏惧。

我不怕任何事和任何人。

……几乎什么都不怕！

对我来说，慷慨无非就是一句话：我愿意分享。

我有一颗高尚的心。

我广受爱戴。

不过，最妙不可言的是：我机灵过人。

有时候，我觉得自己很不平凡。

不过，也有时候……

我会觉得孤独寂寞……

……渺小如草。

于是，我迅速出发……

跑哇……

跑哇……

来到你的面前！

有你真好！

在现实世界中，不论是大人还是孩子，大多都没有这只熊活得好——既合群又喜欢独处，内心丰富、善良，悦纳自己和他人，凡事敢于、乐于尝试，哪怕在低落的时候。无论自我感觉多么良好的人，低落都在所难免，不过也能够找到适合自己的办法排解……

当大人为孩子性格内向而烦恼，屡屡督促孩子主动与人打招呼，常常埋怨孩子在人际交往中不爱说话、表现退缩时，他们可能很难意识到，不是只有外向的孩子，内向的孩子也可以像这只楷模熊一样活得自在舒展。大人常常觉得孩子缺乏自我觉知，事实上并非如此，大人也常常看不清、理不清自己，总是在不经意间把自己不正确的观念加诸孩子身上，还理直气壮地约束孩子的言行。不信来做个小测试吧，看看“你是这样的吗”（见表5）。

表5　外向与内向的心理特质

外向	内向
说话噼里啪啦，嗓门很大，在紧张时尤为如此	轻声说话，偶尔还会停下来想词
经常转换话题	在大多数情况下很安静，但在让他感觉自在的环境里很健谈
谈及某个话题时，有能力装作比实际懂得多	参加社交活动后感觉疲惫，需要时间静养以恢复精力
与谈话对象站得很近	有时看上去和听上去感觉犹豫
在谈话时插嘴	先观察，后行动
交流时眼睛不看说话的人	融入新环境较慢
脸部表情和肢体语言丰富	有一两个好友，觉得别的人仅仅是认识
在你说话使用长句或深入谈一个话题时会没有精神	有时看上去兴趣寥寥，缺乏生气，或者十分疲惫
谈话时间稍长就坐立不安	被人插嘴了就不再说话
认为大多数人都是朋友	在公共场合身体僵硬，面无表情
融入新环境轻而易举	说话时眼睛不看人，但倾听时跟对方有很好的眼神交流
参与刺激性活动后感觉浑身是劲	疲倦、无所适从或不自在时就变得一言不发
如果独处太久，会抱怨或觉得倦怠	

第一，你是不是发现左右两边都有符合自己的选项？**“只有某一心理机制的特征而不掺杂其他心理机制的一种纯粹类型并不存在”**，混合才是常态，这充分显示了人们是如何以不同的方式感知世界，与世界相处的。第二，“外向”在多数人的印象中，会自带热情、擅交际、果断、活跃、爱冒险、乐观、主动等积极印象，“内向”则容易附带着过于敏感、容易抑郁、自我逃避的消极印象。这种偏见需要被改变，而不是致力于把内向的人变成外向的人。

神经质、外向性、开放性、宜人性、尽责性是人格模型中的五个不同因素，可以和内向与外向的特质交叉重叠，比如虽然大多数高敏感度的个体是内向型人格，但是仍有大约 30% 高敏感度的个体是外向型人格。

内向是一种人格特质，并非是需要改变的缺点或成长问题，内向的孩子一样可以活得快乐，一样可以与人合作获得成功。美国当代最重要的内向性格研究权威之一，教育学家马蒂·兰妮列出内向性格的优势：

- 内向性格的人拥有丰富的内心生活。
- 内向性格的人懂得停下来品味生活。
- 内向性格的人热爱学习。
- 内向性格的人擅长创造性新思维。
- 内向性格的人情商高。
- 内向性格的人天生精通谈话的艺术。

- 内向性格的人乐于自处。
- 内向性格的人拥有可喜的谦虚态度。
- 内向性格的人善于自我控制，容易养成健康的生活习惯。
- 内向性格的人是好公民。
- 内向性格的人善于建立亲密、长久的友谊，喜欢深入的谈话，是良友。

虽然马蒂·兰妮的研究数据显示，内向的人完成大学及研究生学业的比例更高，但她也清楚地看到内向作为一种人格特质或天赋，在公共生活中常常被当作缺点错误地对待。当内向的孩子被迫表现得像外向的孩子那样时，他们会更加脆弱，更容易受伤害。因此，对于内向的孩子来说，只有肯定自己才能感受更多、想象更多、创造更多；对于陪伴内向孩子的大人来说，则需要更新观念和方法。那么，内向的孩子需要大人的哪些支持和帮助呢？我们看看来自马蒂·兰妮的总结：

- 内向的孩子的自信建立在与家长深厚的情感联系上，他们重视家庭关系。
- 安全、稳定、生活规律的家庭环境更适宜内向孩子的生长，有规律的家庭生活能帮助孩子储存和恢复精力。
- 让内向的孩子参与合作能提高他们的自我效能感，对所有人的特点表示认可和欣赏也能帮助他们提高自我价值感。

- 内向的孩子需要热心和善解人意的陪伴者。
- 内向的孩子需要了解适合自己的学习方式。
- 日常聊天有助于内向的孩子理解自身经历。
- 内向的孩子做决定需要更长的时间处理复杂信息。
- 告诉内向的孩子，社会交往是有诀窍的，这些诀窍可以学习。大人要向其他陪伴者解释孩子的内向气质。

马蒂·兰妮归纳了十个关键词：

- **时间**。大人用足够的陪伴增进和孩子的彼此了解，建立深厚的情谊。
- **信任**。大人要真诚地对待孩子，以赢得他们的信任。
- **稳定**。大人有责任为孩子创造一个可以预见的稳定环境，减少精力消耗。
- **对孩子的潜力充满信心**。观察、倾听、关注和探究内向孩子的内心世界，帮助他们发掘自身兴趣和特长，帮助他们展现自身潜力和优势。
- **慢节奏**。只有足够的耐心才能令内向的孩子思考和表达。
- **坚持**。内向的孩子天性能坚持，大人要发现并肯定他们有意义的坚持。
- **鼓励孩子面对逆境**。分享自己克服困难的经历，帮助他们勇敢地面对现实中的逆境。

- **承认错误**。当内向的孩子没有犯错的时候，安慰他们，帮助他们不要陷入自责。示范人通过承认自己的错误和失败接受自己的不完美。

- **鼓励**。对内向孩子的努力表示关切，对他们的成就表示支持。

- **快乐**。享受与孩子在一起的欢乐，和他们一起快乐地生活工作。

养育一个内向的孩子是什么样的体验?

露娜是个非常腼腆的小女孩，她很少说话，却喜欢用眼睛观察一切。露娜喜欢安静地独处，露娜喜欢宁静的风景，露娜喜欢待在她的房间里。待多久，她都不会感到厌烦。

课间休息了，同学们都在嬉闹，而露娜一边看其他孩子玩，一边编织着自己的梦。看到露娜孤零零地坐在角落的长椅上，校长好着急，他仔细地向老师们了解露娜的情况，老师们你一言我一语，全都在为露娜发愁。

只有奶奶最了解露娜，知道没有什么好担心的。露娜和奶奶在一起好开心！她们又笑又唱，说悄悄话，讲美妙的故事。

在蓝色的房间里，奶奶打着盹，而露娜继续讲故事：从前有个小女孩，她的奶奶一睡着，她就倏地钻进壁纸里去旅行…… 那里，有她的好朋友——小狗红红。一、二、三，她们去探险。露娜造好路，和红红一起奔跑……，让鲜花开满花园，和红红一起捉迷藏。她又蹦又跳，她腾空跃起。只要她开口高声唱，红红就高兴得像过节。她是公主，是海盗，是老师，是魔术师……，红红一直守护着她。

…………

《蓝色房间》这本书给内向孩子画了一幅准确的画像：喜欢独处，很少说话，让老师担心。但是他们有被想象带领的丰富的内在世界，他们温和友善，能很敏感地发现那些真正喜欢他们的人，与熟悉的人非常自在舒服地共同生活。他们并不需要大人为他们担心。

养育一个高敏感内向型的孩子是一件容易感受到幸福的事情：家庭中会慢慢形成一个适合全体家庭成员的生活节奏。吃饭、睡觉、户外活动、睡前故事……，有规律的重复不只是让孩子感到安全自在，每个在其中的大人也会感到非常的放松和舒适，即便需要改变也不必急躁匆忙，告知然后慢慢地一起调整，用更适合的方式和节奏生活。

内向的孩子时常专注于某项工作，善于独处。即便有时什么也没做，也鲜少感到孤单烦躁，不需要你为他担心或刻意安排。他们有丰富的内在世界，愿意对熟悉、信任的人喋喋不休。

他们大多谨慎，会考虑很多再作出选择和决策。即便他们因为一直斟酌错过了一些机会，他们也不会懊恼，因为他们也因此成功地减少了工作和生活带来的压力、焦虑，这让他们感到自在。

他们容易满足，生活中一丁点儿小快乐、小幸福，就能让他们十分开心。他们体谅身边的人，你的一点儿自责、一点儿沮丧，他们都会感同身受，尽力去理解。他们是安静可心的陪伴者，是具有强烈责任感的合作者，有着安抚人心的巨大力量。

他们对美的事物有着惊人的领悟力，他们对美的生活的向往格外强烈，他们是推动自己乃至世界向好的带领者。

大人不要去催促、勉强他们表现出热情、擅交际、果断、活跃、爱冒险、乐观、主动，这样的催促和勉强只会伤害他们，让他们不断陷入自责，否定自己的天赋特质，破坏他们的自我价值感。

如果你希望内向的孩子主动调整，示范和预言是不错的方式。比如大人可以主动和人打招呼，做出示范，而不是在孩子没有准备好的时候勉强他们。大人可以提前告知即将面对的问题和挑战，比如在期末考试之前，我会向学生预告老师可能会因为紧张焦虑布置很多作业。

大人需要让内向的孩子感受到：

- 你可以笑笑不说话。
- 你可以说自己没有准备好。

- 你可以不参加比赛。
- 你可以不争取第一个表演。
- 你可以独处。
- 你可以按照自己的喜好和节奏做事。
- 和你在一起让我感到安宁自在。
- 你这样就很好。

…………

女儿 3 岁的时候入园，因为老师强调“小朋友要自己吃饭”在幼儿园大哭了一场，表示“我不会吃饭，我要老师喂饭”。我知道她会自己吃饭，只是当“自己吃饭”作为一项明确的要求提出来的时候，她担心自己做不到，因此充满了恐惧。老师说，女儿在幼儿园非常乖巧。的确，从第一天开始，她从未在我们送她入园的时候哭闹，她的情绪波动只表现在家里。某天晚上睡觉前，她突然郑重地说“我不想上学了”，从那天开始，这句话几乎成了她的口头禅。她会在玩的时候突然重复老师批评的话，会因为突然想起老师说过“不要你上幼儿园了”“让你妈妈把你接回去”“再不听话送你去托儿班”“今天不让你回家”之类的话而默默流泪。我知道老师并没有针对她说这些并不会兑现的灰色语言。

对于内向且敏感的孩子而言，他们常常会把外部的期望直接等同于需要完全做到的硬性要求，虽然大人可以提供解释，“这是期望，不是强制你立即做到”，但是他们仍然会感到压力很大。很多时候，粗暴的语言和行为并不针对他们本人，但是当看到、感受到身边人激烈的情绪反应，侵犯性的行为举止时，他们还是容易过度代入，并感到不安和恐惧。因此，大人需要警惕和检讨，当我们对孩子们用力过度的时候，那些在我们看来挺好的孩子，是不是已经被迫卷入风暴之中，无辜受累。

如今女儿已经17岁了，虽然她仍然会为老师、伙伴们的某些要求感到十分焦虑，但她能够觉知自己是否过度紧张，并能通过自我调侃和沟通交流来调整自己。她极少主动要求承担某项任务，即使在她擅长和喜欢的事情面前，她也表现得十分谨慎。可一旦接受了任务，她会表现出强烈的责任感，不需要任何提醒与带动，她就会主动去规划、实施、调整，并且百般照顾同伴的感受，不厌其烦地与其私下沟通协调，甚至为了实现共赢额外付出。她接受了自己的特点，并表现出旁人难以觉察的热情，内敛且奔放，让人激赏的全神贯注，以及当下越来越稀罕的善解人意。

作为一个被认为十分外向开朗的人，我通过养育一个内向敏感的孩子，认识到自己被大人们通过奖赏、表扬、批评、训斥遮蔽多年的本性，并因此获得修复，努力去做心安自在的自己。

我是个内向而敏感的人，这不是一个玩笑。当我认识到自己的这个特点以及它带给我的好处时，我心喜悦。

参考文献

1. 伯纳德·韦伯．勇气 [M]．阿甲，译．北京：北京联合出版公司，2018.

2. 高畠那生．一根香蕉掉下来 [M]．王维幸，译．武汉：长江少年儿童出版社，2016.

3. 哈利·阿拉德，詹姆斯·马歇尔．尼尔森老师不见了！ [M]．尹晓冬，译．北京：北京联合出版公司，2011.

4. 尤塔·保尔．大嗓门妈妈 [M]．王星，译．天津：新蕾出版社，2009.

5. 尼古劳斯·海德尔巴赫．女王吉瑟拉 [M]．赵远虹，译．海口：南海出版公司，2011.

6. 凯伦·考芙曼·欧洛夫，大卫·卡特罗．我要大蜥蜴 [M]．沙泳玲，译．武汉：长江少年儿童出版社，2018.

7. I.C. 斯普林曼，布赖恩·莱斯．多了 [M]．杨玲玲，彭懿，译．石家庄：河北少年儿童出版社，2014.

8. 米歇尔·努森，凯文·雷克斯．图书馆狮子 [M]．周逸芬，译．石家庄：河北少年儿童出版社，2011.

9. 海伦·库柏．南瓜汤 [M]．柯倩华，译．济南：明天出版社，2014.

10. 米亚姆·普莱斯勒．幸福来临时 [M]．佘葆清，译．天津：新蕾出版社，2008.

11. 简·尼尔森，比尔·肖尔．杰瑞的冷静太空 [M]．张宏武，译．北京：北京联合出版公司，2018.

12. 希亚文·奥拉姆，喜多村惠．生气的亚瑟 [M]．柯倩华，译．石家庄：河北教育出版社，2009.

13. E.B. 怀特．夏洛的网 [M]．任溶溶，译．上海：上海译文出版社，2004.

14. 大卫·香农．大卫，不可以 [M]．余治莹，译．石家庄：河北教育出版社，2007.

15. 本·科特．小猪变形记 [M]．金波，译．北京：外语教学与研究出版社，2006.

16. 山本直英，佐藤真纪子．小鸡鸡的故事 [M]．蒲蒲兰，译．北京：连环画出版社，2012.

17. 彼得·卡纳沃斯．爱书的孩子 [M]．方素珍，译．杭州：浙江少年儿童出版社，2013.

18. 洁米·李·柯蒂斯，劳拉·康奈尔．一定要比赛吗？[M]．范晓星，译．海口：南海出版公司，2011.

19. 菲利普·韦希特尔．我 [M]．赵远虹，译．天津：新蕾出版社，

2007.

20. 玛戈达莱娜·格豪·于连，克里斯蒂娜·达弗尼耶. 蓝色房间[M]. 吴颖，译. 南昌：二十一世纪出版社集团，2016.

21. 马乔里·J. 科斯特尔尼克等. 2—12岁儿童社会性发展——理论与技巧[M]. 王晓波，刘洋，译. 北京：中国轻工业出版社，2018.

22. 费尔兹·M.V，费尔兹·D. 儿童纪律教育：建构性指导与规训[M]. 原晋霞，蔡菡，陈晓红，译. 北京：中国轻工业出版社，2007.

23. 琼斯·V.F，琼斯·L.S. 全面课堂管理：创建一个共同的班集体[M]. 方彤，等译. 北京：中国轻工业出版社，2002.

24. 约翰·格雷. 孩子来自天堂：积极养育的五个原则和技巧[M]. 张雪兰，译，北京：京华出版社，2006.

25. 简·尼尔森. 正面管教：如何不惩罚、不骄纵地有效管教孩子[M]. 玉冰，译. 北京：京华出版社，2009.

26. 罗伯特·费尔德曼. 发展心理学：人的毕生发展[M]. 苏彦捷，等译. 北京：世界图书出版公司，2007.

27. 罗伯特·斯莱文. 教育心理学：理论与实践[M]. 姚梅林，等译. 北京：人民邮电出版社，2004.

28. 佐佐木正美. 关注孩子的目光[M]. 傅玉娟，译. 海口：南海出版公司，2014.

29. 河合隼雄．孩子的宇宙 [M]．王俊，译．上海：东方出版中心，2014.

30. 河合隼雄．孩子与恶 [M]．李静，译．上海：东方出版中心，2014.

31. 马蒂·兰妮．内向孩子的潜在优势 [M]．赵曦，刘洋，译．长春：北方妇女儿童出版社，2011.

32. 苏珊·佩罗．故事知道怎么办——如何让孩子有令人惊喜的改变 [M]．重本，童乐，译．天津：天津教育出版社，2011.

33. 斯蒂芬·克拉生．阅读的力量 [M]．李玉梅，译．王林，审校．新疆：新疆青少年出版社，2012.

34. 艾登·钱伯斯．打造儿童阅读环境 [M]．许慧贞，蔡宜容，译．海南：南海出版社公司，2007.

35. 吉姆·崔利斯．朗读手册 [M]．沙永玲，等译．天津：天津教育出版社，2006.

36. 埃里克·M．纳尔逊．以儿童为中心的学习环境的设计与实施——室外课堂 [M]．丁道勇，徐逸桐，王馨玥，译．北京：教育科学出版社，2017.

后记

有过度操控心的大人，不适合做父母和教师

可能是因为有对比，在丹麦访问时我发现，我们主张的对孩子的信任和接纳，与实践中普遍的焦虑和恐惧之间存在剧烈冲突。虽然我们与丹麦同行说着一样的话——“要信任孩子”，但在实践中对孩子的信任非常少，我们觉得低龄的孩子还不会作出正确的选择，我们觉得没有组织管理，孩子就会受伤出事。我们走到哪里都会忍不住问：“孩子在幼儿园（学校）受伤怎么办？”丹麦同行感到非常奇怪：“为什么从中国来的老师都会问这个问题？”

丹麦的教育实践是建立在充分信任孩子的基础之上的，所以教师才会在孩子入园后，哪怕孩子还未满 1 周岁，就尽可能地在生活的方方面面给予他们自主选择的机会和参与决策的权利。从孩子能够站立行走时，就放心地让孩子离开教师的视线。孩子们不需要整日久坐静听、令行禁止，在一个活动结束后快速转换到另一个活动中，因为教师相信他们天生喜欢秩序和规则，会探索并主动为自己设边界，所以不急于催促、指正。

有趣的是，来自中国的学员们都会注意到这一点儿，也会不断反省自己过度的操控心。但是，在日常的相处中，这些优秀的好人，包括我，仍然会在每一件事上对身边的人发表各种意见和建议："你怎么穿得这么少？""你怎么这样切菜呀？""可以啦，别再说了，知道你的意思了！"我们对于他人不符合自己心意的言行，即便没有外显的行为表现，也会反映在情绪中。这种交往方式缺乏必要的尊重和清晰的界线，容易让每个在其中的人陷入自责和紧张不安中。虽然我们都知道，所有不伤害自己或不妨害他人的行为都不需要立即指正和给出建议，但是我们管不住自己的嘴和心。

我们的孩子就一直置身于这样的处境中，那些充满善意和责任感的大人总是在所有事情上指手画脚，给出各种意见和建议，让孩子感到各种不自在，甚至备感压力而不自知。这种过于快速地批评指正和提供建议，不仅妨碍了孩子自我感受力的发展，而且破坏了孩子的自我价值感。**大人们必须意识到，"好了还可以努力做到更好"是一种贪婪，大人苛求完美是对孩子的不信任、不尊重，甚至侵犯，大人需要主动自觉地后退，然后等待！**

当下，自上而下的变革因为关涉面广，体量能量大，所以时常不能满足个体的需求。而所有自下而上的变革因为力量单薄，难免显得非常渺小、笨拙、艰难。对学校教育的不满越积越久、越积越多，这源于多数人都无从选择，很难通过沟通对话或直接参与，得到愿意主动变革以适应儿童需要和兴趣的学校教育。

毫无意外地，在这种难以打破的困局中，教育的改善落到一个又一个愿意承担变革责任的人身上。既然学校教育难以应对诸多诉求，那么可以退回到班级和家庭，退回到教师和父母，用先觉者的努力来满足受教育者的个性化需求，补足学校教育变革迟滞之弊。

中国文化历来重视家庭教育。格外关心子女教育的父母和提供专业支持以及服务的教育从业者，共同成就了越来越繁荣喧哗的教育市场。在观念和实践的不断变革中，一些最受关注的问题似乎并没有多少变化，教育专家们日复一日地回答着相同或类似的问题——“孩子不听大人的话，怎么办？”“孩子老是被同学欺负，怎么办？”“孩子做作业拖拉，怎么办？”“孩子不喜欢阅读，怎么办？”“孩子沉迷电子产品，怎么办？”……很多个“怎么办”背后，是大人特别想找到绝招儿把孩子给“办”了，大人试图操控、主导孩子的生活和学习，让孩子呈现出自己期望的样子，殊不知这是对孩子当下的彻底否定和不接纳。面对这种原地踏步甚至退步，大人非常需要时不时地先反省、检讨一下，再回来面对具体问题。

其一，辨认、反省、克制自己的过度操控心。

人的眼睛既可向外看，亦可向内观。眼睛由外向内以旁观者视角来看自己的言行，是否与孩子有良好的交往、沟通、相处，是否进退有度，非常紧要。有许多大人终其一生，那双向内观的眼睛都不曾睁开。这样的大人最容易感到失落：“我尽心尽力，为何你都不领情？”最容易感到惊讶：“孩子，你怎么了？”总是急于知道：“我该拿他怎么办？”心底那个没有被点破言明的心思是：我是想拿他怎么样的。我有预期的、喜欢的样子，我有是非标准，只是孩子没有达成我的预期，孩子错了、偏了，所以我特别着急，希望进行各种拯救挽救、改造纠正。只有看到自己的这种过度操控心，生出醒悟进而克制，你才能不把孩子之间的差异误当成偏差、错失，一阵乱开药、乱治疗，没病怀疑有病，最后真的整出毛病来。

其二，不急于分辨胜负优劣，不急于判断正误。

教育并不是观念或行动的 PK 赛，所以不要急于做是非判断，因为多数时候压根儿就不是“如果你对，那就是我错”的问题。多数时候不需要气急败坏地跳出来指责：“你这样怎么行？”或者惊慌失措、患得患失：“这样会不会导致……”“我以前都这样，孩子会不会……”不要拿一个专家、一本书里的观点来反驳另一个专家、另一本书里的观点，只认为自己观念行动合理，不理解、不接受别人的观念行动，总是会没完没了地纠缠。教育中很多问题众说纷纭、聚讼不已，专家们各执一词的现象太正常不过了。无论多么厉害的专家都未必了解你的孩子，专家能提供的只是建议，增加一种或者几种行动的选项，绝对不是起死回生的仙丹，不是包治百病的神方。养孩子仿佛养花种菜，大端不坏即可，不必太过精细。如果过度纠结纠缠，就会关闭自己与他人、与孩子的会通之门。

其三，孩子在成长变化，大人要做出变化以应对变化。

孩子进入新的发展期，你就必须改变和孩子的交往互动模式，很多时候不是孩子变坏了、走偏了，而是父母没有及时转换交往模式，滞后于孩子的发展了，因此产生冲突。你必须能够辨认成长之力，只有真正为孩子心智力量的增长感到高兴，才能调整自己，主动与孩子的成长、变化好好相处。不要一意孤行地对孩子的思想、行为指手画脚，一味否定孩子的需求，要养成倾听的习惯，多听孩子说说他的想法，能同意的立即同意、赞赏，不能同意的可以直接拒绝、反对，但得花些功夫引导他想想还有没有比这个更好的做法，让他明白自己的想法为什么行不通，这样才能增进孩子对父母、对世界的理解。重点是永远让孩子有路可走，而不是把孩子逼迫到自毁、毁人的地步，大人又号啕着指责孩子和社会的万般不是。

孩子出了问题，当然是大人要担负得更多。不要因为周围的大人都对孩子很严厉而选择严厉，不要因为周围的大人都打孩子而打孩子，不要因为大家都这样而认为只能这样。坚持对的的确不容易，但这并不表示可以因为容易而去做那些不正确的事。很多时候，大人要像《小女巫》中的小女巫一样，即便付出全部的努力达成所愿，但当发现事实并非自己所想，有悖自己的准则时，仍然愿意彻底否定之前的付出，选择不顺从，因为“我有自己的准则并奉行不悖”。

怎样才能有效管教？

- 和善与坚定并行。
- 帮助孩子感受到归属感和重要性。
- 注意行为的长期有效——惩罚在短期内有效，但有长期的负面效果。
- 教给孩子有价值的社会技能和生活技能。
- 培养孩子的良好品格——毅力、乐观、合作、好奇、自制……

与我们这些曾经的孩子、如今的大人共勉。

图书在版编目（CIP）数据

童书里的教育学 / 徐莉著. --上海：上海教育出版社，2021.2（2022.7重印）
ISBN 978-7-5720-0516-9

Ⅰ.①童… Ⅱ.①徐… Ⅲ.①儿童文学—应用—儿童教育 ②儿童文学—应用—青少年教育 Ⅳ.①G61 ②G775

中国版本图书馆 CIP 数据核字（2021）第 014237 号

策　　划　源创图书
责任编辑　董　洪
特约编辑　王玉梅　黄静静
责任印制　梁燕青
内文设计　许　扬
封面设计　奇文云海

Tongshu Li De Jiaoyuxue
童书里的教育学
徐　莉　著

出版发行　上海教育出版社有限公司
官　　网　www.seph.com.cn
地　　址　上海市闵行区号景路159弄C座
邮　　编　201101
印　　刷　北京华宇信诺印刷有限公司
规　　格　880×1230　1/32　印张　5.75　插页　1
字　　数　106千字
版　　次　2021 年 2 月第 1 版
印　　次　2022 年 7 月第 4 次印刷
印　　数　12,001—15,000 本
书　　号　ISBN 978-7-5720-0516-9/G · 0379
定　　价　45.00元

如发现质量问题，请向本社调换　电话 021-64373213